essentials

Essentials liefern aktuelles Wissen in konzentrierter Form. Die Essenz dessen, worauf es als „State-of-the-Art" in der gegenwärtigen Fachdiskussion oder in der Praxis ankommt. *Essentials* informieren schnell, unkompliziert und verständlich

- als Einführung in ein aktuelles Thema aus Ihrem Fachgebiet
- als Einstieg in ein für Sie noch unbekanntes Themenfeld
- als Einblick, um zum Thema mitreden zu können

Die Bücher in elektronischer und gedruckter Form bringen das Fachwissen von Springerautor*innen kompakt zur Darstellung. Sie sind besonders für die Nutzung als eBook auf Tablet-PCs, eBook-Readern und Smartphones geeignet. *Essentials* sind Wissensbausteine aus den Wirtschafts-, Sozial- und Geisteswissenschaften, aus Technik und Naturwissenschaften sowie aus Medizin, Psychologie und Gesundheitsberufen. Von renommierten Autor*innen aller Springer-Verlagsmarken.

Julian Ottenlips

Geschäftsprozessma-nagement

Grundlagen, Methoden und praktische Umsetzung

 Springer Gabler

Julian Ottenlips
Beckum, Deutschland

ISSN 2197-6708   ISSN 2197-6716 (electronic)
essentials
ISBN 978-3-662-71895-7   ISBN 978-3-662-71896-4 (eBook)
https://doi.org/10.1007/978-3-662-71896-4

Die Deutsche Nationalbibliothek verzeichnet diese Publikation in der Deutschen Nationalbibliografie; detaillierte bibliografische Daten sind im Internet über https://portal.dnb.de abrufbar.

Springer Gabler ist ein Imprint der eingetragenen Gesellschaft Springer-Verlag GmbH, DE und ist ein Teil von Springer Nature.
Die Anschrift der Gesellschaft ist: Heidelberger Platz 3, 14197 Berlin, Germany

Wenn Sie dieses Produkt entsorgen, geben Sie das Papier bitte zum Recycling.

Was Sie in diesem *essential* finden können

- Einen fundierten Einstieg in Geschäftsprozessmanagement – kompakt, praxisnah und verständlich.
- Konkrete Methoden und Werkzeuge zur erfolgreichen Einführung und Umsetzung in der Organisation.
- Eine praxisorientierte Anleitung zur gezielten Optimierung von Geschäftsprozessen.
- Einblick in Herausforderungen sowie Chancen im organisationalen Kontext.
- Perspektiven auf Zukunftstrends und Weiterentwicklungen im Prozessmanagement – für Einsteiger wie Fortgeschrittene.

Geleitwort

Prozessmanagement ist ein Begriff, der heutzutage – ähnlich wie *Process Mining* und *Process Intelligence* – zunehmend an Bedeutung gewinnt. In den sozialen Medien werden solche Fachbegriffe oft nur oberflächlich präsentiert, ohne zu erklären, warum für moderne Unternehmen das Prozessmanagement unverzichtbar geworden ist. Auch Begriffe wie *Künstliche Intelligenz* (KI) werden gerne oberflächlich präsentiert, jedoch ohne tiefes und fundiertes Verständnis.

Doch ist das Prozessmanagement nur ein Hype? Handelt es sich um ein Thema ausschließlich für Top-Führungskräfte und Experten? Ist damit eine graphische oder eine schriftliche Darstellung der Arbeitsabläufe gemeint? Worum genau geht es und warum betrifft diese Disziplin uns alle? Können auch Menschen ohne Vorkenntnisse davon profitieren?

Ein Prozess ist – in einem vereinfachten Satz – eine Reihenfolge von Aktivitäten, die ausgeführt werden, um ein bestimmtes Ziel zu erreichen. Es kann in unserer alltäglichen Routine die Zubereitung eines Mittagessens sein – oder auch ein komplexer Geschäftsprozess, der zur Wertschöpfung eines Unternehmens beiträgt. Prozesse werden häufig durch Diagramme sowie detaillierte Beschreibungen der einzelnen Prozessschritte dargestellt.

Nehmen wir als Beispiel die Rechnungserstellung: der Prozess umfasst sämtliche Schritte – von der Abnahme der Buchungen bis zum Versand der Rechnung. Jeder Prozess hat dabei:

- einen Input (z. B. die Buchungen, die abgerechnet werden müssen)
- einen Output (die digitale oder ausgedrückte Rechnung)
- und einen Kunden, der die Ergebnisse dieses Prozesses benötigt.

Gerade in kleinen und mittelständischen Unternehmen werden Prozesse oft „gelebt": verschiedene Mitarbeiter führen dieselbe Tätigkeit unbewusst leicht unterschiedlich aus und erzeugen somit unterschiedliche Ergebnisse. Die Unterschiede – und die Qualität des Outputs – liegen an den vergangenen Erfahrungen der Mitarbeiter oder an den Anleitungen, die in der Vergangenheit von ehemaligen Mitarbeitern geschrieben wurden. Dies führt zu nicht-standardisierten Prozessen und inkonsistenten Ausführungen (sogenannte *Prozessinstanzen,* in der Prozessmanagement-Sprache). Fehlerhafte Rechnungen führen zur Nacharbeiten, Frustration des Kunden und Zeitverlust. Besonders Prozesse, die externe Kunden involvieren, können die Firmenreputation negativ beeinflussen, wenn die Qualität niedrig ist und der Output inkonsistent ist.

Doch wie lassen sich solche Fehler nachhaltig vermeiden und beheben? Nur wenn im Unternehmen die genauen Abläufe des Prozesses „Rechnungserstellung" abgestimmt und bekannt sind. Somit kann ein wichtiger Meilenstein während der *Prozessreise* erreicht werden: die Transparenz.

In meiner Tätigkeit in der IT-Welt habe ich oft festgestellt, wie fehlende Transparenz die Arbeitsabläufe stark beeinflusst. Ohne sie fehlt die Grundlage, um ein Unternehmen wertschöpfend auszurichten, die Kundenzufriedenheit zu erhöhen, die eigenen Prozesse zu bewerten und auszuwerten.

Wie werden diese Faktoren von der Transparenz gesteuert?

Ein „Kunde" ist im Sinne des Prozessmanagements nicht nur der Empfänger einer Rechnung. Auch interne Abteilungen können Kunden sein – zum Beispiel das Controlling, das im Rahmen der Investitionsplanung Informationen von den technischen Abteilungen benötigt. Die erhöhte Kundenzufriedenheit führt zu einer besseren internen und externen Zusammenarbeit, eine höhere Effizienz und trägt somit dazu bei, die unternehmerischen Ziele zu erreichen.

Ein weiterer wichtiger Punkt ist die Prozessbewertung: ein Unternehmen kann nicht in Erfahrung bringen, ob die Qualität eines Prozesses hoch ist, wenn die Arbeitsabläufe nicht einheitlich abgestimmt und dokumentiert sind. Solange der Prozess aus Interpretationen der jeweiligen Mitarbeiter besteht, fehlen die Grundlagen für eine qualifizierte Bewertung. Mithilfe eines *Reifegradmodells* lassen sich die Reife und die Wirksamkeit eines Prozesses messen. Denken Sie an die Bewertungen in Google Maps oder Tripadvisor: wäre ein Restaurant mit nur einem von fünf Sternen vorzuschlagen? Ein Prozess mit Reifegrad 1 (oder 0) wird zwar im Unternehmen durchgeführt, aber ohne Planung und Dokumentation und mit wenigen messbaren Ergebnissen. Ein Prozess mit Reifegrad 5 (optimiert) ist hingegen klar definiert und abgestimmt, die Fehlerursachen wurden behoben und zukünftige Probleme werden konsequent adressiert.

Ein weiterer relevanter Aspekt ist die Auswertung eines Prozesses und somit die Erfassung der Daten während der Ausführung der Prozessinstanz. Eine Prozessauswertung ist nur möglich, wenn die Prozesse dokumentiert sind und deren Ausführung durch entsprechende IT-Systeme erfasst wird.

Ein Beispiel: eine Firma kann wichtige Kennzahlen ermitteln, wie die durchschnittliche Ausführungszeit unseres Rechnungserstellungsprozesses, oder wie lange die jeweiligen Prozessschritte dauern. Anhand der Kennzahlen können Maßnahmen abgeleitet und ergriffen werden, um die Prozesse zu verbessern.

Zum Beispiel kann die Auswertung des Prozesses ergeben, dass Rechnungen häufig fehlerhaft sind, weil die Freigabe zu spät erfolgt, nämlich erst nach Erstellung der finalen Rechnung. Durch die Analyse der Abläufe können fundierte Entscheidungen getroffen werden, wie die Optimierung des Prozesses und somit die Verbesserung des Prozessreifegrads.

Nicht zu vergessen ist die Bedeutung der Dokumentation – gerade im Kontext von demographischem Wandel und der Beteiligung der Generation Z an dem Arbeitsmarkt steigt die Personalfluktuation im Unternehmen. Um das interne *Know-How* zu bewahren ist es ratsam, die Prozessabläufe genau zu dokumentieren. Somit ist das Onboarding eines neuen Mitarbeiters einfacher, weil seine neuen Tätigkeiten klar beschrieben sind und Fehler minimiert werden können. Auch durch die Dokumentation trägt das Prozessmanagement dazu bei, die Kundenzufriedenheit zu erhöhen.

Die genannten Vorteile des Prozessmanagements können in der Realität nur realisiert werden, wenn Unternehmen bereit sind, Veränderung zuzulassen. Die Veränderungsresistenz (Widerstände, grundsätzliche Ablehnung, starke Gefühle usw.) kann rechtzeitig adressiert werden, wenn das Prozessmanagement durch ein qualifiziertes Changemanagement begleitet wird. Mögliche Ängste müssen sorgfältig adressiert werden und die Vorteile des neuen Denksatzes klar kommuniziert werden. Ohne diesen kulturellen Wandel ist die Reise zur Einführung des Prozessmanagements in Gefahr. Die Veränderungsresistenz ist eine der wesentlichen Herausforderungen, die ich in meiner Berufspraxis immer wieder erlebe und umfasst nicht nur das Prozessmanagement, sondern alle Projekte, die das gewohnte Arbeitsleben verändern.

Mein Freund, ehemaliger Kollege und nun Autor Julian Ottenlips wird Sie in diesem Buch durch eine spannende Reise begleiten, die Grundlagen des Prozessmanagements erläutern und die Risiken schildern. Alle Aspekte werden nicht nur mit der Theorie, sondern auch anhand von verständlichen Praxisbeispielen adressiert. Dabei ist es nicht wichtig, ob Sie bereits erste Kenntnisse in dem Bereich besitzen oder nicht. Dieses Buch wird Ihnen die Werkzeuge zur

Verfügung stellen, um das Prozessmanagement in Ihrem täglichen Arbeitsleben erfolgreich umzusetzen.

Ich wünsche Ihnen viel Spaß beim Lesen und viel Erfolg bei der Umsetzung im Unternehmen!

Flavio Pane
IT-Koordinator, Netzgesellschaft
Düsseldorf mbH

Interessenkonflikt Der/die Autor*in hat keine für den Inhalt dieses Manuskripts relevanten Interessenkonflikte.

Inhaltsverzeichnis

Abkürzungsverzeichnis

BPM	Business Process Management
BPMN	Business Model and Notation
EPK	Ereignisgesteuerte Prozesskette
HR	Human Resources
KI	Künstliche Intelligenz
ROI	Return on Investment
RPA	Robot Process Automation

Einführung in das Prozessmanagement 1

1.1 Definition und Bedeutung von Prozessen

Die zunehmende Digitalisierung von Geschäftsprozessen macht es notwendig, dass man sich mit den grundlegenden Fragen von Prozessen auseinandersetzt und überhaupt versteht, was Prozesse sind und welche Bedeutung diese haben. Im folgenden Abschnitt wird der Prozess definiert und die Bedeutung von kaufmännischen Geschäftsprozessen in Unternehmen erläutert. Eins vorweg, Geschäftsprozesse sind von entscheidender Bedeutung für Unternehmen sowohl in allgemeinen als auch in speziellen Digitalisierungsvorhaben.

Geschäftsprozesse beziehen sich in Unternehmen auf die wiederkehrende und systematische Abfolge von **Aktivitäten** mit einem vordefinierten **Input** und einem vordefinierten **Output.** Ein Beispiel ist ein typischer HR-Bewerbungsprozess. Der Prozess beginnt mit einem vordefinierten Input, der in der Regel die Einreichung einer Bewerbung an die HR-Abteilung ist. Nach Erhalt der Bewerbung führt die HR-Abteilung verschiedene Aktivitäten durch, darunter das Durchsehen von Bewerbungsunterlagen, die Einladung von Bewerbern zu Vorstellungsgesprächen und möglicherweise die Durchführung eines Assessmentcenters. Diese Schritte dienen dazu, die Eignung der Bewerber für die ausgeschriebene Stelle zu bewerten. Am Ende des Prozesses wird ein vordefinierter Output erreicht, nämlich die Einstellung des Kandidaten, wenn er sich als geeignet erweist, oder die Ablehnung seiner Bewerbung.

Das Ausführen der Aktivitäten kann dabei auch als **Leistungserbringung** bezeichnet werden (siehe Abb. 1.1). Die Leistungen werden hierbei von ausführenden **Rollen,** in unserem Beispiel etwa von einem Recruiter oder einer Bewerberin, durchgeführt. Für die Leistungserbringung können **Ressourcen** erforderlich sein. Wenn wir unser Beispiel weiterverfolgen, wären Ressourcen

J. Ottenlips, *Geschäftsprozessmanagement*, essentials, https://doi.org/10.1007/978-3-662-71896-4_1

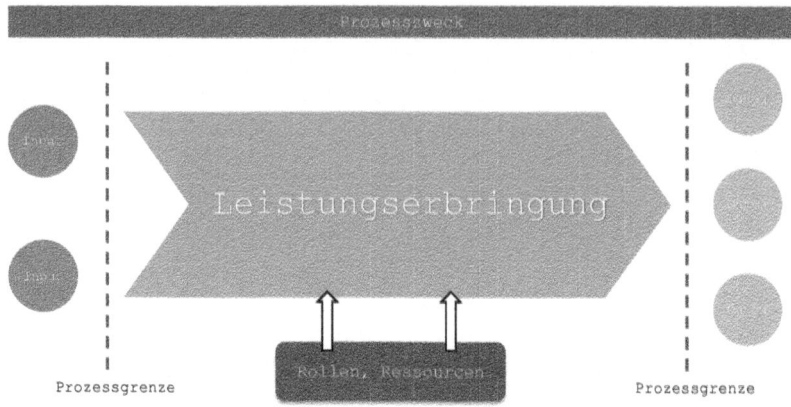

Abb. 1.1 Darstellung eines Prozesses

bspw. wieder die Bewerbung (als Datei oder als ausgedruckte Version), Fragebö-
gen oder ein digitales Tool für die Terminierung von Bewerbungsgesprächen. Eine
Ressource kann aber auch eine natürliche Person sein, z. B. der Abteilungsleiter,
der bei einem Bewerbungsgespräch mit anwesend sein muss. Zusammenfassend
lassen sich Ressourcen als Personen, Maschinen, IT-Systeme oder Hilfsmittel
einordnen, die für eine Aktivität innerhalb der Leistungserbringung von Nöten
sind.

Im Zusammenhang mit Geschäftsprozessen wird auch von **End-to-End-
Prozessen** (E2E) gesprochen. Hierbei handelt es sich um Geschäftsprozesse,
welche alle Schritte von Anfang bis Ende umfassen, beispielsweise einen Order-
to-Cash Prozess. Ziel eines E2E-Prozesses ist es, die gesamten Prozessschritte
ohne Unterbrechung auszuführen. Dabei können sich E2E-Prozesse durch mehrere beteiligte Abteilungen im gesamten Unternehmen ziehen und dabei mehrere
Mitarbeitende, Ressourcen oder Funktionen einspannen.

Bei E2E-Prozessen ist es immer sehr wichtig, dass die Verantwortung und das
Verständnis in den jeweiligen Prozessschritten gewährleistet ist.

Die **Bedeutung** von Geschäftsprozessen ist sehr hoch für Unternehmen, die
wissen möchten, wie ihre Organisation genau funktioniert. Ohne eine Prozessaufnahme oder -digitalisierung ist es zunehmend schwierig, eine Transparenz aller
Arbeitsabläufe, das Vorgehen einzelner Abteilungen aber auch das Messen
von Effizienzen zu garantieren. Durch die Transparenz in der Leistungserbringung
lassen sich Ineffizienzen leichter feststellen oder compliance-bedrohliche Risiken

schneller beseitigen. Für bspw. Digitalisierungsprojekte ist es daher essenziell, dass Prozesse dokumentiert und Verantwortungen geklärt werden, da sich nur so die punktuellen Digitalisierungsmöglichkeiten feststellen lassen. Des Weiteren hilft eine Prozessdigitalisierung enorm bei der Sammlung von wichtigen Unternehmensdaten. Mit Daten lassen sich wichtige Ziele besser ableiten, messen und außerdem Bedürfnisse leichter diagnostizieren.

Wer Unternehmer und Geschäftsführer nach der Absicht des Geschäftsprozessmanagements fragt, erhält meistens eindeutige Antworten. Oft lauten diese nämlich, dass die Prozessdigitalisierung (oft parallel mit einer Prozessautomatisierung) zur Kostenreduktion, Wettbewerbsfähigkeit, Effizienzsteigerung oder Risikominimierung eingesetzt worden ist. Man kann also zu dem Schluss kommen, dass die Einführung von einem qualifizierten Prozessmanagement für Unternehmen ein entscheidender Wettbewerbsvorteil ist und zudem zu wichtigen Kostenersparnissen und langfristigen Gewinnzielen beitragen kann.

1.2 Ziele und Nutzen des Prozessmanagements

Generell haben Unternehmen das Ziel, wettbewerbsfähig zu sein, die Geschäftsaktivität auszubauen, mindestens aber zu sichern und Geld zu verdienen. Unternehmen würden also keine umfangreichen monetären und strategischen Aufwendungen für das Prozessmanagement betreiben, wenn sie sich nicht einen großen Nutzen davon versprechen würden. Basierend auf umfangreichen Erkenntnissen aus diversen Kundenprojekten lässt sich festhalten, dass primäre Zielsetzungen bei der Implementierung von Prozessmanagement in Unternehmensstrukturen häufig die Optimierung der Organisationsleistung sowie die Steigerung der Wettbewerbsfähigkeit sind.

Um folgende Ziele und Nutzen des Prozessmanagements wirklich erreichen zu können, muss man verstehen, dass das Prozessmanagement kein endliches oder einmaliges Projekt ist. Vielmehr ist es im Prozessmanagement wichtig, eine ständige Analyse und Begutachtung, Messung und Auswertung von Daten sowie einen kontinuierlichen Change-Prozess im Blick zu behalten.

Ein vielversprechendes und oft verfolgtes Hauptziel ist die **Effizienzsteigerung** des Unternehmens. Durch ein effektives Prozessmanagement lassen sich beispielsweise Bottlenecks, Redundanzen oder klare ineffiziente Schritte und Aktivitäten leichter entdecken. In einer IST-Analyse werden bestehende Prozesse aufgenommen und genau nach diesen Ursachen für Ineffizienzen analysiert. Eine IST-Analyse betrachtet bestehende Prozesse mit dem Ziel, Optimierungspotenziale zu identifizieren (mehr im Kap. 3 – Prozessoptimierung). Eine

Effizienzsteigerung verspricht u. a., dass Ressourcen (Zeit, Geld, Personal, Energie etc.) besser eingesetzt werden können und die Produktivität steigt. Im Umkehrschluss bedeutet dies also auch, dass das Unternehmen seine Ziele besser und mit weniger Aufwand erreichen kann. Dies führt zwangsläufig auch dazu, dass das Prozessmanagement dabei hilft, die Wettbewerbsfähigkeit zu steigern, da eingesparte Ressourcen für andere gewinnbringende Investitionen eingesetzt werden können (bspw. Marketing- oder Vertriebsmaßnahmen, F&E, Expansionen etc.). Grundsätzlich bedeutet eine Effizienzsteigerung also, dass ein gewisses Ziel mit weniger Aufwand und Ressourcen erreicht werden kann.

Ein weiteres Ziel, das häufig im Zusammenhang mit der Steigerung der Effizienz verfolgt wird, ist die **Reduzierung der Kosten.** Wenn erreicht wird, dass durch ein effektives Prozessmanagement die Ressourcen besser geschont werden, z. B. wenn eine Mitarbeitende nur noch eine Stunde anstatt acht Stunden für eine Aufgabe braucht oder ein Werkstoff effizienter eingesetzt wird, werden automatisch auch Kosten gespart. Ziel dabei muss aber sein, dass bei einer Reduzierung von Ressourcen die Qualität mindestens gleichbleibt, besser – sie wird erhöht.

Die **Qualitätssteigerung** ist für Unternehmen von entscheidender Bedeutung, da durch mangelnde Qualität von Produkten oder Dienstleistungen schnell der gesamte Ruf zerstört werden kann oder hohe Kosten durch zum Beispiel kostspielige Rückrufaktionen entstehen können. Wie erreicht das Prozessmanagement also eine bessere Qualität? Zum einen kann man sagen, dass Prozesse, welche standardisiert und immer wieder analysiert und verbessert werden, natürlich auch die Qualität erhöhen. Wenn wir uns einen Produktionsprozess anschauen, der dokumentiert wird und damit auch transparent ist, können hier an verschiedenen Stellen Qualitätsverbesserungen erreicht werden. Die Transparenz fördert etwa, dass neue (und auch alte) Mitarbeitende sofort wissen, „Wer ist für was verantwortlich?", „Was passiert vor meiner und nach meiner Aufgabe?". Dadurch wird das gesamte Prozessverständnis gefördert. Man kann es so verstehen, dass jeder einzelne als eine Art Lieferant agiert und seinen (internen) Kunden gute Qualität liefern möchte, auch wenn es sich dabei lediglich um einen Kollegen oder einer Kollegin handelt (siehe dazu Abb. 1.2).

Die Dokumentation von Prozessen fördert außerdem, dass Schwachstellen schneller identifiziert und damit auch schneller behoben werden können. Durch regelmäßige und sogar Echtzeit-Überwachung lassen sich zudem Risiken leichter identifizieren.

Ein weiterer und sehr wichtiger Punkt sind rechtliche und Compliance Aspekte. Diese Aspekte werden unter dem Ziel der **Risikominimierung** zusammengefasst. Auch hier spielen die Transparenz und die Prozessdokumentation eine wesentliche und wichtige Rolle. Das Prozessmanagement dient mit einem

Lieferant	Input	Prozess	Output	Kunde
Interne Abteilung	Kundenanfrage	Auftragsbearbeit ung	Auftragsbestätig ung	**Interner** Kunde (z.B. Vertrieb)
Externer Lieferant	Rohmaterial	Fertigung	Fertigprodukt	**Externer** Kunde

Prozessrichtung – Es bestehen interne und externe Kundenbeziehungen

Abb. 1.2 Interne und externe Kundenbeziehung

Prozesscontrolling zur Überwachung von Abläufen, stellt sicher, dass die Verantwortlichen die Aufgaben ausführen, und reagiert mit Signalen, wenn Prozesse vom Standard abweichen. Bevor ein Prozessmanagement etabliert wird, ist es vielen Verantwortlichen gar nicht bewusst, welche Verantwortlichkeiten sie überhaupt innehaben. Deswegen unterstützt hier auch die Etablierung von Prozessen dabei, eine Transparenz zu schaffen. Wenn bereits ein Organigramm eines Unternehmens oder einer Organisation vorliegt, sind Verantwortlichkeiten leicht zu erkennen. Hier finden sich diverse Abteilungsleitungen oder Stellen. Identifiziert man in den einzelnen Abteilungen dann Prozesse, ist es oftmals schon klar, wer Process Owner bzw. Prozessverantwortlicher ist. Prozessverantwortliche tragen in ihrer Rolle auch die Pflicht, Compliance-Risiken oder allgemeine Risiken zu bemerken. Dadurch, dass der Prozess dokumentiert ist und das Prozessverständnis zunehmend verbessert wird, ist es für die einzelnen Verantwortlichen dann leichter herauszufinden, wo die Risiken liegen, wer für Risiken verantwortlich ist und auch, wie man Risiken minimieren kann. Verantwortliche werden also besser befähigt, in ihren Verantwortungsbereichen eine geeignete Risikominimierung einzuleiten. Weiter lassen sich Compliance-Anforderungen mit einem Prozessmanagement leichter bewerten. Durch regelmäßige Prozessaudits kann man die dokumentierten Prozesse auf Schwachstellen prüfen und anschließend bewerten. Die Arbeit von Compliance- oder Datenschutzbeauftragten kann damit enorm entlastet werden.

Flexibilität und Anpassungsfähigkeit erscheint erstmal in einem Widerspruch mit einem insbesondere standardisierten Prozess zu stehen. Jedoch trifft dies nicht zu. Gerade weil man durch die Dokumentation und Standardisierung z. B. deutlich wird, wo welche Aufgabe erledigt wird, wer für eine gewisse Aktivität verantwortlich ist, wer Vertreter oder Vertreterin ist, lassen sich auch schneller Anpassungen implementieren. Darüber hinaus kann so schneller und flexibler auf externe Faktoren, etwa die Schließung zahlreicher Filialen in der COVID-19 Pandemie, reagiert werden. Das Prozessmanagement hilft dabei, schneller zu identifizieren, welche Bereiche akut betroffen sind, auf welche Bereiche man evtl. ausweichen muss und wo mehr Ressourcen benötigt werden oder zur Verfügung stehen. Damit kann gewährleistet werden, dass in einem zunehmend komplizierten Marktumfeld flexibel und auch agil reagiert werden kann. Im Falle des COVID-19 Pandemie Beispiels und der einhergehenden Schließungen von Verkaufsräumen etwa, konnte das Prozessmanagement helfen, die Ressourcen umzulenken. Die Logistik, die sich um die Belieferung von den Verkaufsräumen gekümmert hat, konnte vermutlich auch schneller mobilisiert und angepasst werden, um bspw. die E-Commerce Logistik zu unterstützen. Durch transparente Prozesse ist es für die Mitarbeitenden ebenfalls leichter, die Prozesse zu verstehen, da es eine klare vordefinierte Beschreibung gibt und so Wissen leichter transferiert werden kann.

In der zunehmenden digitalen Welt ist es wichtig, eine **Ausrichtung auf den Kunden** zu haben. Auch hier unterstützt ein effektives Prozessmanagement umfangreich in der Zielerlangung. Man hat bereits oben gesehen, dass die Qualität gesteigert wird, wenn man eine Lieferanten-Kunden-Perspektive einnimmt. Genau diese Perspektive hilft auch dabei, eine hohe Kundenzufriedenheit zu erreichen. Diese Perspektive wird etwa dadurch gewonnen, dass Unternehmen zunehmend erkennen, wie jede ihrer Handlungen darauf abzielt, ein Produkt oder eine Dienstleistung für den Endkunden zu schaffen. Es sollte der Anspruch sein, dass man als Lieferant seinen (internen) Kunden eine sehr gute Qualität bieten kann, auch wenn man in der Produktion nicht zwangsweise im Endkundenkontakt steht. Außerdem kann mit Prozessmanagement schneller auf Kundenwünsche bzw. auf Kundenanfragen reagiert werden. Viele Prozessmanagementtools können automatisch Kundenanfragen interpretieren und schnell darauf reagieren. Die Transparenz in den Prozessen sorgt darüber hinaus dafür, dass die geeignete Ansprechperson auf die Kundenanfrage schnell zu finden ist. Dies erleichtert ungemein die Suche und reduziert ggf. die Wartezeit für den Kunden. Des Weiteren kann die **Customer Experience** beträchtlich erhöht werden. Nehmen wir das Beispiel einer Fastfoodkette. Das Versprechen von Fastfood ist es, das bestellte Essen schnell zu bekommen. Restaurantketten fokussieren sich darauf, das Essen noch schneller zuzubereiten und übergeben dabei sogar wichtige Aufgaben an den Kunden. Es ist nicht selten, dass die Kunden als Bedienung oder Kassierer agieren. Jedoch ist das nicht negativ. Vielmehr wird die Kundenzufriedenheit dadurch gesteigert, wenn Kunden ihr Essen (inkl. Sonderwünsche) kinderleicht an Touchdisplays bestellen und gleichzeitig bezahlen können. Man spart sich dadurch nervige Warteschlangen und unnötige Interaktionen mit Kassierern. Gleichzeitig wird das Essen frisch zubereitet und schnell zum Tisch oder zur Abholtheke gebracht. Die Fastfoodketten sparen dadurch nicht nur Personalkosten, sondern erreichen auch ihr Ziel und ihr Versprechen, das Essen schneller zu liefern und die Kunden glücklich zu machen.

In einer harmonischen Kombination der Ziele, mit gewissen Schwerpunkten und Spezialisierungen, kann die Leistung und die Wettbewerbsfähigkeit kontinuierlich gesteigert werden. Nicht selten sind schnelle Erfolge messbar und lassen sich auf das Prozessmanagement zurückführen.

Abschließend lässt sich sagen, dass die Prozessdokumentation und das -verständnis unabdingbare Faktoren sind, um die Ziele und den Nutzen zu erreichen. Wenn man es schafft, die Dokumentation nachhaltig transparent zu gestalten und auch das Prozessverständnis in der Unternehmung einzubringen, kann viel erreicht werden. Insgesamt trägt das Prozessmanagement also dazu bei, die Leistungsfähigkeit und Wettbewerbsfähigkeit von Unternehmen zu steigern, indem es die Optimierung von Abläufen, Kostensenkungen, Qualitätssteigerungen, Kundenorientierung, Risikomanagement und Flexibilitätsverbesserungen ermöglicht.

1.3 Überblick über Prozessmanagementmethoden

Übliche Prozessmanagementmethoden umfassen verschiedenste Ansätze und Techniken. Einige gehen in die Modellierung bzw. in die Darstellung der Abläufe sowie in die operative Bewertung und andere gehen in die strategische, übergeordnete Bewertung ein. Alle Methoden haben aber die Gemeinsamkeit, die Effizienz, die Leistung, die Qualität oder die Sicherheit der Geschäftsprozesse eines Unternehmens zu verbessern. Im Folgenden wird auf eine Auswahl gängiger Methoden näher eingegangen.

Business Process Modelling umfasst die Modellierung bestehender IST- oder SOLL-Prozesse in einem Unternehmen. Die Modellierung erfolgt mittels eigener Notationen wie beispielsweise der BPMN 2.0 (Business Process Modell an Notation 2.0) oder der EPK (ereignisgesteuerte Prozesskette), wobei sich die BPMN 2.0 als Industriestandard mehr und mehr etabliert hat.

Die Modellierung erfolgt in einer Form von Diagrammen oder anderen visuellen Methoden, um eine schnelle Übersicht des dargestellten Prozesses zu gewinnen. Die vereinfachte und übersichtliche Darstellung ist insbesondere dafür

wichtig, um Schwachstellen, Lücken oder Bottlenecks leichter zu identifizieren. Diese Modelle erleichtern zudem die Verbesserung, da sie i. d. R. leicht
anzupassen sind und somit eine schnelle Verbesserung garantieren können.

In der **Prozessanalyse- und optimierung** werden Geschäftsprozesse im Detail
auf Schwachstellen sowie Ineffizienzen untersucht. Eine einfache, modellbasierte
Darstellung der Prozesse (siehe Business Process Modelling) ist hierbei eine
große Hilfe, um Bereiche mit solchen Schwachstellen und Ineffizienzen zu identifizieren. Durch die Optimierung werden die Geschäftsprozesse anschließend
verbessert. Ziel der Optimierung ist wieder das Erreichen von Effizienzgewin-
nen, Qualitätssteigerungen sowie das Sparen von Ressourcen. Außerdem hilft
eine Optimierung auch, Prozesse zu automatisieren.

Lean Management ist im Bereich des Prozessmanagements eine wichtige
Methode, da diese auf die Reduzierung von obsoleten Aktivitäten und Verschwendung im Allgemeinen abzielt. Im Bereich Lean Management gibt es wiederum
einige Techniken, welche zur Prozessoptimierung herangezogen werden können.
Kaizen beispielsweise befasst sich mit der kontinuierlichen Verbesserung. Die 5S-
Technik (Sortieren, Systematisieren, Sauberkeit, Standardisieren, Selbstdisziplin)
hilft den Stakeholdern, klare und einheitliche Strukturen im Prozessmanagement
vorzufinden.

Six Sigma ist eine weitere beliebte Methode im Prozessmanagement. Die
Methode zielt darauf ab, Variationen in den Prozessen zu reduzieren und
damit die Fehlerquote zu minimieren. Durch statistische Funktionen, wie z. B.
DMAIC (Define, Measure, Analyse, Improve, Control), können Geschäftspro-
zesse in ihrer Qualität verbessert werden. Unternehmen erreichen damit eine
Vielzahl an Benefits wie etwa eine erhöhte Kundenzufriedenheit und eine stärkere
Wettbewerbsfähigkeit.

Die Prozessneugestaltung oder auch **Business Process Reengineering** befasst
sich mit einer elementaren Neugestaltung der vorhandenen Geschäftsprozesse, um
drastische Verbesserungen in Leistung, Kosten und Qualität zu erreichen. Diese
Methode wird angewandt, wenn vorherige Maßnahmen nicht erfolgreich waren
oder die bestehenden Prozesse grundlegend verbessert werden müssen.

Prozessmanagementmethoden sind für Prozessberater und Unternehmen von
entscheidender Bedeutung, da die Methoden in vielerlei Hinsicht eine Richtung
der Organisationsentwicklung darstellen. Die festgelegte Notation ist die Sprache
des Prozessmanagements mit eigener Syntax und eigenen Vokabeln. Hier ist es
entscheidend, dass man abwägt und gut überlegt, für welche Notation man sich
entscheidet. Eine Entscheidung nach einem Jahr zu ändern, ist dann mitunter mit
extremen Kosten und einem hohen Ressourceneinsatz verbunden.

Methoden sind deshalb auch so wichtig, da sie dafür verantwortlich sind, inwieweit die Ziele in Form von Effizienzsteigerungen, Qualitätsgewinnen, Kundenzufriedenheit etc. erreicht werden. Es ist darauf zu achten, dass man sich als Organisation auf die Methoden verständigt, damit man agil, effizient und kundenorientiert arbeiten kann.

Prozessidentifikation und -dokumentation

2

2.1 Prozesslandschaft erstellen und analysieren

Was ist eine Prozesslandschaft? Eine Prozesslandschaft (auch Prozesslandkarte genannt, siehe Abb. 2.1) ist simpel gesagt eine grafische und vereinfachte Darstellung der Prozessebenen eines Unternehmens. Man könnte sagen, die erste oder oberste Ebene ist ein übersichtlicher Blick auf die Geschäftsprozesse eines Unternehmens aus der Vogelperspektive. Grund für eine Prozesslandschaft ist die Übersichtlichkeit der einzelnen Abteilungen und deren Prozesse in der Organisation. Sie schafft damit ein ganzheitliches Verständnis der Geschäftsprozesse.

Eine Prozesslandschaft dient außerdem dazu, Struktur und Hierarchie in die Prozesse innerhalb einer Organisation zu bringen. Dies dient allen Mitarbeitenden, sich leichter zu orientieren und entsprechende Prozesse zu finden. Typischerweise werden auf der Ebene 1 die E2E-Prozesse des Unternehmens, also z. B. order-to-cash oder recruitment-to-retirement, aufgezeigt. Außerdem befinden sich auf der ersten Ebene der Prozesslandschaft folgende übergeordneten Bereiche (siehe Abb. 2.1):

- Managementprozesse
- Kernprozesse
- Unterstützungsprozesse

Diese übergeordneten Bereiche haben keine Definition und können je nach Belieben genannt werden, die genannten haben sich allerdings in vielen Projekten bewährt.

© Der/die Autor(en), exklusiv lizenziert an Springer-Verlag GmbH, DE, ein Teil von Springer Nature 2025
J. Ottenlips, *Geschäftsprozessmanagement*, essentials,
https://doi.org/10.1007/978-3-662-71896-4_2

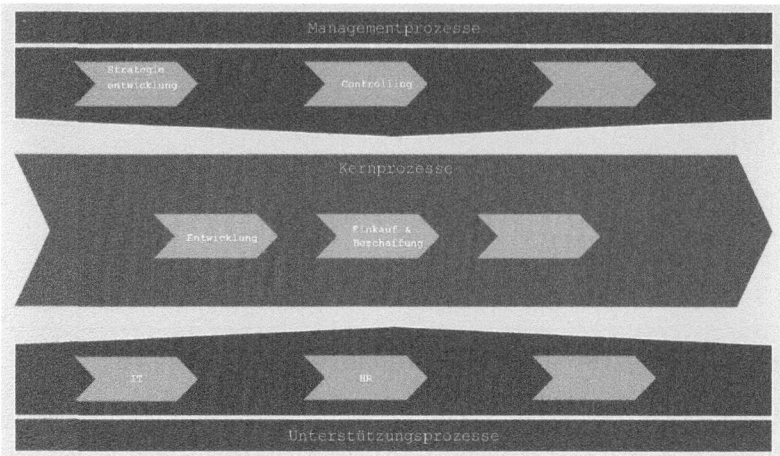

Abb. 2.1 Exemplarische Darstellung einer Prozesslandkarte

Managementprozesse umfassen mehrere Prozesse der Unternehmenssteuerung und -kontrolle sowie der strategischen Ausrichtung. Diese werden normalerweise durch das obere Management durchgeführt. Beispiele hierfür sind etwa Strategieentwicklung, Budgetierung, Risikomanagement oder Personalmanagement. Je nach Organisation können diese Prozesse stark abweichen oder sich in anderen Bereichen, wie etwa in den Unterstützungsprozessen, befinden.

Kernprozesse umfassen Prozesse der Leistungserbringung. In einem produzierenden Unternehmen sind hier beispielsweise die Prozesse zur Herstellung von Gütern zu finden. Kernprozesse werden daher auch oft als Leistungsprozesse bezeichnet. Diese Prozesse sind insofern wichtig, da in diesen Prozessen die Wertschöpfung und die Umsatzgenerierung einer Unternehmung stattfindet – das Herstellen der Ware, das Erbringen einer Dienstleistung. In manchen Fällen fallen unter den Kernprozessen auch die F&E-Aktivitäten. Gerade in Branchen, die hohe F&E-Abhängigkeiten haben, wie etwa die Pharmaindustrie.

Unterstützungsprozesse umfassen niederschwellige Prozesse die wichtig sind, damit Kern-, und Managementprozesse funktionieren. Typische Prozesse sind HR-Prozesse wie etwa das Onboarding neuer Mitarbeitenden, Mitarbeitendengespräche oder das Beantragen von Urlaub oder Dienstreisen. Diese Prozesse unterstützen den alltäglichen Geschäftsablauf und sorgen dafür, dass die Wertschöpfung geregelt, standardisiert und reibungslos abläuft.

Schritte zur Erstellung der Prozesslandschaft

Bei der Erstellung ist es essenziell wichtig, dass man strukturiert vorgeht und folgende Schritte nacheinander anwendet:

1) Prozesse identifizieren

   Der erste Schritt besteht darin, die wichtigsten Prozesse der Ebene 1 der Unternehmung zu erkennen. Dies wird typischerweise durch Interviews mit Fachabteilungen erreicht oder anhand eines Organigramms. Durch ein Organigramm findet man schnell Abteilungen bzw. Teams und mit der Frage nach dem Abteilungsergebnis findet man die dafür notwendigen Prozesse. Weiter sind auch umfangreichere Workshops zu empfehlen, da die Prozessidentifikation für das weitere Vorgehen von hoher Bedeutung ist.

2) Prozesse kategorisieren

   Die identifizierten Prozesse müssen dann den oben aufgeführten Kategorien (Management-, Kern- und Unterstützungsprozesse) zugeordnet werden. In einem Produktionsunternehmen könnten in den einzelnen Kategorien bspw. folgende Prozesse liegen: Managementprozesse – Strategieentwicklung, Kernprozesse – Fertigung, Produktentwicklung (F&E), Unterstützungsprozesse – Personalwesen, IT.

3) Prozesse hierarchisch anordnen

   Eine gute Prozesslandkarte unterteilt die Prozesse in einer hierarchischen Struktur. Dies beginnt mit Hauptprozessen und geht weiter in Teilprozesse und Unterprozesse. In der Praxis ist diese Eingliederung der hierarchischen Struktur mittels IT-Systemen sehr einfach einzustellen.

   Man kann auch von unterschiedlichen Ebenen sprechen. Ebene 1 ist dabei die höchste Flughöhe und die simple Darstellung der Unternehmensprozesslandschaft. Auf Ebene 2 geht man genauer auf einen E2E-Prozess ein. Ebene 3 geht wiederum genauer auf den ausgewählten Prozess aus Ebene 2 ein usw. Typischerweise haben Unternehmen vier bis fünf Prozessebenen, wobei die letzte Ebene immer eine detaillierte Modellierung des Prozesses beinhaltet (siehe Abb. 2.2 und 2.3).

4) Visualisierung

   Um komplexe Zusammenhänge zu verstehen, wird die Prozesslandschaft standardmäßig in den entsprechenden IT-Systemen grafisch visualisiert. Für die Visualisierung gibt es keine klaren Definitionen oder Regeln, es empfiehlt sich jedoch, leicht zu verstehende Grafiken wie bspw. Flussdiagramme, Prozesslandkarten oder Swimlane-Diagramme zu verwenden. Entscheidend ist, dass

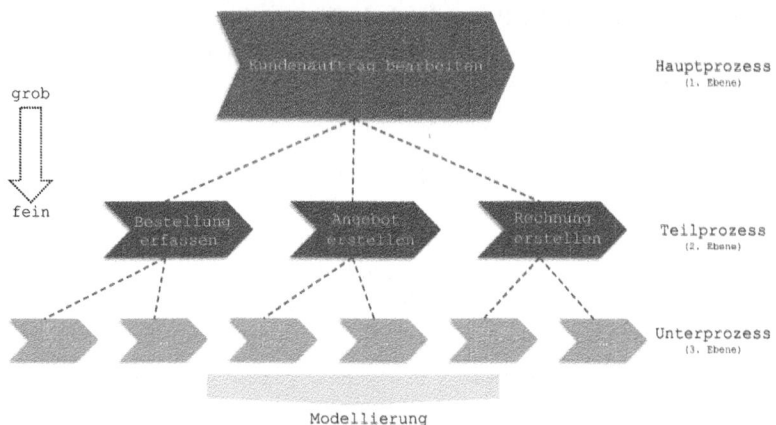

Abb. 2.2 Hierarchische Struktur – Kundenauftrag bearbeiten

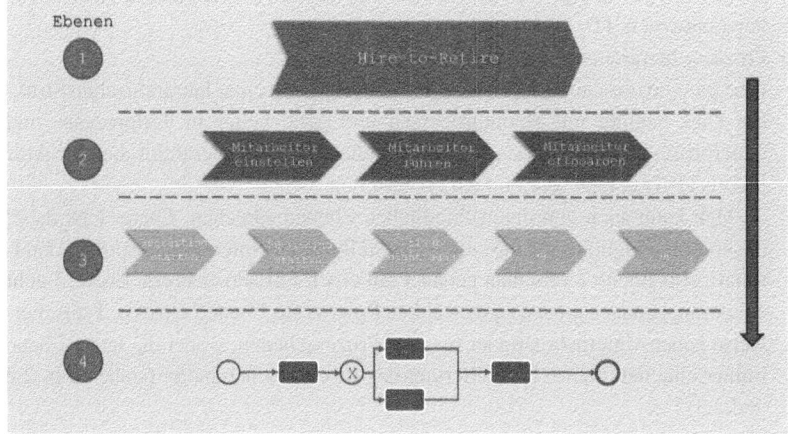

Abb. 2.3 Ebenendarstellung; exemplarisch anhand eines Hire-to-Retire Prozesses

die grafische Visualisierung nicht zu sehr ins Detail geht und damit leicht verständlich ist (siehe Abb. 2.1). Es geht hierbei primär um die Visualisierung der Ebenen 1 bis 3. Die Ebene 4 wird anhand von Modellierungssprachen detaillierter visualisiert (siehe unten 2.2 Prozessdokumentation und -analyse).

5) Analyse der Prozesse
   Um Unternehmensziele zu erreichen, ist es wichtig, die Prozesse hinsichtlich Effizienz, Qualität, Kosten und weiteren definierten Kennzahlen zu analysieren. Durch die Analyse lassen sich u. a. Fehler, redundante Aktivitäten oder Engpässe identifizieren.

Die Praxis zeigt, dass die Erstellung der obersten Ebene in der Prozesslandschaft nicht trivial ist. In vielerlei Hinsicht wird die grundlegende Sicht auf die Prozesslandkarte zu Unrecht als zu unwichtig oder oberflächlich degradiert. Veränderungen werden als Bedrohung wahrgenommen, die Erstellung der Prozesslandschaft erscheint als zu komplex und unwichtig oder es wird sich zu lange um Details gekümmert, wodurch man schnell den Fokus verliert. All diese Punkte sind dabei wichtige Herausforderungen des Changemanagements und sollten unbedingt begutachtet werden.

Es ist daher wichtig, vorab einen gutüberlegten Plan für die Einführung zu erarbeiten. Ein iteratives Vorgehen wird dabei gerne verwendet, um möglichst schnell auf Veränderungen und neue Bedingungen zu reagieren. Darüber hinaus ist es wichtig, alle relevanten Stakeholder einzubinden. Zu empfehlen ist hier eine BPM-Governance, welche die strategischen und wichtigen Prinzipien für das Business- und Prozessmanagement einer Organisation als Rahmenwerk zusammenfasst.

2.2 Prozessdokumentation und -analyse

Die detailliertere Prozessdokumentation und -analyse bildet einen zentralen Schritt im Prozessmanagement. Die Dokumentation und Analyse helfen, die bestehenden Abläufe (IST-Prozesse) systematisch zu erfassen, transparent darzustellen und Schwachstellen aufzudecken. Parallel dazu wird damit die Basis für Optimierung und zukünftige Gestaltung von Prozessen (SOLL-Prozesse) gelegt.

Warum sollen Prozesse überhaupt dokumentiert werden? Die Frage stellen sich Führungskräfte und Entscheider regelmäßig und sie ist nicht ganz unwichtig. Wie schon erwähnt, sorgt eine Prozessdokumentation für bessere Transparenz, eine bessere Kommunikation und für Ressourcenoptimierungen. Es ist immer eine Herausforderung, sich einen Prozessablauf genau vorzustellen, kommen dann noch verschiedene Rollen, eingesetzte Ressourcen (wie IT-Systeme, Dokumente etc.) hinzu, wird es ganz schnell unübersichtlich. Dieser Einsicht muss man sich jedoch erst einmal bewusst werden. Daher ist es entscheidend, eine visuelle Darstellung der Prozesse zu haben. Sie dient der eindeutigen Identifikation von Prozessschritten, Verantwortungen, Standards sowie der Einhaltung kritischer Risikofaktoren (Gesetze, Richtlinien, Terminen etc.). Nur mit einer visuellen Darstellung lassen sich Prozessstandards gewährleisten und die Wissenserhaltung in einer Organisation ganzheitlich sicherstellen.

Als Industriestandard hat sich für die Modellierungssprache eines Geschäftsprozesses die **Business Model and Notation** (BPMN) durchgesetzt, mittlerweile in einer aktualisierten Form „BPMN 2.0" (siehe Abb. 2.4). Diese international standardisierte Prozessmanagementsprache bietet eine leicht verständliche grafische Darstellung, die sowohl BPM-Experten und technische Fachleute umfangreich verwenden, aber auch fachfremde Personen gut und schnell verstehen können.

Die Vorteile liegen auf der Hand. Durch die standardisierten Symbole lassen sich Geschäftsprozesse weltweit mit leichter Lesbarkeit gleich und verständlich darstellen, während gleichzeitig die technischen Details vorhanden sind. Moderne BPM-Tools verwenden daher i. d. R. immer BPMN 2.0, wodurch eine Modellierung als solche keine große Herausforderung sein sollte.

Alternativ zu BPMN 2.0 gibt es weitere Modellierungssprachen, auf zwei davon möchte ich kurz eingehen. Eine weitere, oft verwendete Sprache ist die

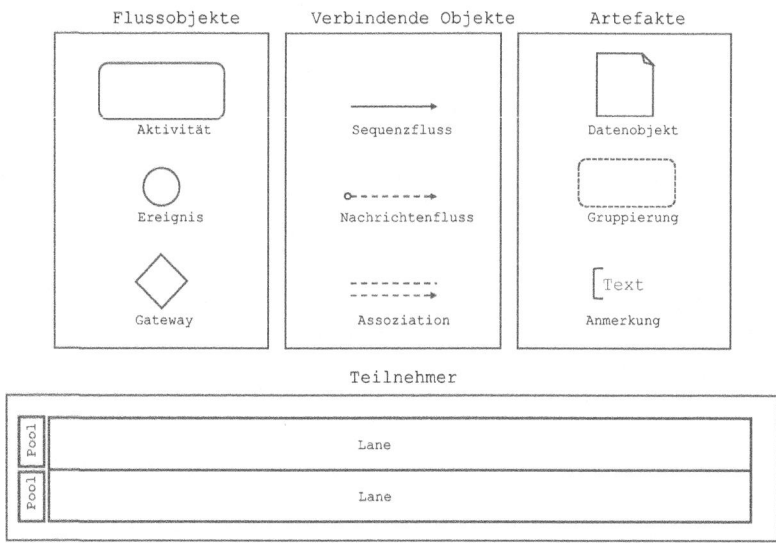

Abb. 2.4 Grundelemente BPMN 2.0

EPK – Ereignisgesteuerte Prozesskette. Die EPK wird häufig in der Prozessanalyse und im SAP-Umfeld verwendet, wobei das SAP BPM-Tool „Signavio" auch BPMN 2.0 verwendet. In der Praxis beobachtet man, dass die EPK durch BPMN 2.0 abgelöst wird. Als weitere Sprache existiert die UML – Unified Modeling Language. Diese wird vor allem in Softwareentwicklungsprozessen verwendet und findet im klassischen Business- und Prozessmanagement weniger Anwendungsfelder.

Für eine erfolgreiche Prozessdokumentation ist eine Zusammenarbeit zwischen Abteilungen, dem Fachpersonal und dem BPM-Consultant unerlässlich. Diejenigen, die tagtäglich mit den Prozessen in der Realität arbeiten, wissen wie die Prozesse ablaufen und haben den besten Einblick in die Abläufe. Es ist daher zu Workshops mit ebendiesen Personen zu raten.

Gemeinsam mit dem Fachpersonal sollte ein Auftrag geklärt werden und die IST-Prozesse im Prozessworkshop aufgenommen werden. Falls es keine IST-Prozesse gibt, kann direkt der Fokus auf die Erarbeitung von SOLL-Prozessen gelegt werden. IST-Prozesse liefern optimalerweise einen genauen Einblick in den aktuellen, nicht optimierten, Ablauf eines Prozesses. Fragen wie „Wie laufen die Prozesse aktuell ab?", „Wo gibt es Engpässe?", „Wer ist für diesen Prozessschritt verantwortlich?" oder „Wo gibt es Doppelarbeiten?" sind hilfreich, um einen detaillierten Einblick in einen Prozess zu bekommen, darüber hinaus lassen sich dadurch erste Optimierungspotenziale ableiten.

Wenn etwaige Engpässe, Mehrarbeiten, Fehler oder Ineffizienzen analysiert und festgestellt wurden, kann ein Soll-Prozess entwickelt werden. Als Fragen könnten hier „Wie sollte der Prozess optimal ablaufen?" oder „Wie können wir diesen Prozess effizienter gestalten?" hilfreich sein. Weiter lässt sich der SOLL-Prozess anhand zwei bewährter Methoden gut erarbeiten. Zum einen mit der Pull-Methode und zum anderen mit der Push-Methode (siehe Abb. 2.5).

Pull-Methode Wenn ein SOLL-Prozess entwickelt werden soll, kann man die Pull-Methode anwenden. Bei dieser Methode geht man vom Output des Prozesses aus und startet mit der letzten Aufgabe im Prozess. Man geht dann so vor, dass man ausgehend von der letzten Aufgabe immer einen Schritt weiter Richtung Start bzw. Input geht (letzte Aktivität, vorletzte Aktivität, ...). Wenn man am Start angelangt ist, muss man sich mit der Frage auseinandersetzen, welcher Input benötigt wird, um alle festgelegten Aktivitäten zu bedienen. Etwaige festgestellte Lücken zwischen dem IST-Zustand und SOLL-Zustand können mithilfe einer Maßnahmenliste transparent gemacht werden.

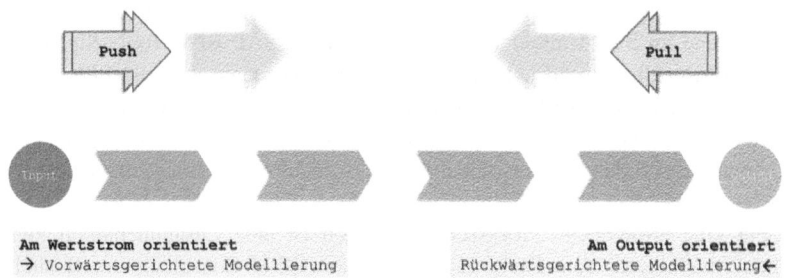

Abb. 2.5 Push & Pull Methode

Push-Methode Die Push-Methode verwendet man standardmäßig für die Model-lierung von IST-Prozessen, sie kann aber durchaus auch für SOLL-Prozesse ver-wendet werden. Hier wird entlang der Wertschöpfungskette des Prozesses von vorne (Input) nach hinten (Output) modelliert. Tauchen dabei Optimierungspotenziale auf, können auch diese in eine Maßnahmenliste eingetragen werden.

Die Prozessdokumentation ist also entscheidend, um Prozessabläufe zu erkennen und systematisch zu verbessern. Durch standardisierte und international aner-kannte Modellierungssprachen wie etwa BPMN 2.0 können Geschäftsprozesse relativ schnell und einfach visualisiert werden, was sowohl die Kommunika-tion als auch Umsetzung des Prozessmanagements vereinfacht. Workshops mit Fachpersonal gewährleisten praxisnahe Analysen und ein möglichst realitätsge-treues und detailliertes Bild der Prozesse, während es wichtig ist, zwischen IST-Prozessen und SOLL-Prozessen zu unterscheiden. Die Modellierung bzw. Visualisierung erlaubt Analysen, die ersten Schwachstellen, Dopplungen oder Ineffizienzen identifizieren.

Prozessoptimierung 3

Die Prozessoptimierung ist ein zentrales Element des modernen Prozessmanagements und verfolgt das Ziel, betriebliche Abläufe effizienter, effektiver und ressourcenschonender zu gestalten. Dieses Kapitel zeigt methodische Ansätze zur Prozessanalyse und Schwachstellenidentifikation und liefert praxisorientierte Vorteile der Prozessoptimierung.

Prozessanalyse und Schwachstellenidentifikation
In einer globalisierten, digitalisierten und zunehmend wettbewerbsorientierten Welt ist die kontinuierliche Verbesserung von Prozessen ein entscheidender Faktor für den langfristigen Erfolg von Unternehmen. Optimierte Geschäftsprozesse tragen dazu bei, die Produktivität zu steigern, Kosten zu senken, die Qualität von Produkten und Dienstleistungen zu verbessern und die Kundenzufriedenheit zu erhöhen. Neben diesen quantitativen Vorteilen ermöglicht die Prozessoptimierung auch eine verbesserte Transparenz und Flexibilität in der Organisation.

Die Prozessanalyse stellt den Ausgangspunkt der Prozessoptimierung dar. Sie zielt darauf ab, bestehende (IST-) Prozesse zu untersuchen, um Schwachstellen, Ineffizienzen und Verbesserungspotenziale zu identifizieren. Zu den wichtigsten methodischen Ansätzen der Prozessanalyse gehören:

1) *Die Wertstromanalyse*

Die Wertstromanalyse ist eine Visualisierungsmethode, die den Material- und Informationsfluss innerhalb eines Prozesses darstellt. Sie hilft dabei, nichtwertschöpfende Aktivitäten (Verschwendung) zu identifizieren, wie z. B. Wartezeiten, unnötige Transportwege oder Überproduktion.

© Der/die Autor(en), exklusiv lizenziert an Springer-Verlag GmbH, DE, ein Teil 19
von Springer Nature 2025
J. Ottenlips, *Geschäftsprozessmanagement*, essentials,
https://doi.org/10.1007/978-3-662-71896-4_3

Das **Vorgehen** sieht wie folgt aus:

- Erfassen des Ist-Zustands durch Interviews und Prozessbeobachtungen (s. o.).
- Identifikation von Verschwendungen anhand klassischer Verschwendungsarten (z. B. Überproduktion, unnötige Bewegungen, redundante Prüfungen).
- Entwicklung eines Soll-Zustands mit optimierten Abläufen.

2) *Ishikawa-Diagramm (Ursache-Wirkungs-Diagramm)*

Dieses Werkzeug, auch als Fischgrätendiagramm bekannt, wird eingesetzt, um die Ursachen von Problemen systematisch zu analysieren. Es wird in Form einer Fischgräte dargestellt, bei der die Hauptgräte das Problem (z. B. lange Durchlaufzeiten, hohe Fehlerquoten) repräsentiert und die Nebenäste verschiedene Kategorien symbolisieren. Kategorien sind z. B. Mensch, Material sowie Methode. Diese Bereiche werden den jeweiligen Wirkungen zugeordnet und ermöglichen so eine strukturierte Ursachenfindung.
Das **Vorgehen** sieht wie folgt aus:

- *Definition des Problems:* Das zu bewertende Problem wird klar definiert und zentral, als Hauptgräte, in die Mitte des Diagramms gestellt.
- *Identifikation der Hauptkategorie:* Typische Kategorien (Einflussbereiche) sind Mensch, Maschine, Material, Methode, Milieu (Arbeitsumfeld) und Messung. Diese Kategorien werden entlang der Hauptgräte angeordnet.
- *Ursachenanalyse:* Für jede Kategorie werden u. a. durch Brainstorming oder Experteninterviews spezifische Ursachen gesammelt und entlang der Nebenäste festgehalten.
- *Priorisierung der Ursachen:* Die festgestellten Ursachen werden bewertet, um die wahrscheinlichen Hauptursachen des Problems herauszufiltern.

3) *Pareto-Analyse*

Die Pareto-Analyse basiert auf dem 80/20-Prinzip und dient dazu, die wesentlichen Problemfelder zu priorisieren. 80 % der Probleme entstehen oft durch 20 % der Ursachen. Diese Methode hilft, sich auf die Bereiche mit dem höchsten Optimierungspotenzial zu konzentrieren.
Das **Vorgehen** sieht wie folgt aus:

- *Datenerhebung:* Erfassen der relevanten Probleme oder Fehler, bspw. durch Prozessbeobachtungen, Kundenreklamationen oder Produktionsdaten.
- *Kategorisierung:* Gruppieren der Probleme oder Fehler in sinnvolle Kategorien (z. B. nach Typ oder Ursache).
- *Häufigkeitsanalyse:* Bestimmen, wie oft jedes Problem auftritt und Berechnungen des kumulierten Anteils.
- *Visualisierung:* Darstellung der Ergebnisse in einem Pareto-Diagramm. Die x-Achse zeigt die Kategorien (nach Häufigkeit sortiert), die y-Achse zeigt den kumulierten Prozentsatz.
- *Ableitung von Prioritäten:* Konzentration auf die Kategorien, die den größten Einfluss auf das Gesamtergebnis haben. Genau diese sollten priorisiert betrachtet werden.

4) *Prozesssimulation*

Mit der Prozesssimulation können Prozesse virtuell nachgebildet werden, um Schwachstellen unter variierenden Bedingungen zu analysieren. Dies ist besonders nützlich in komplexen und dynamischen Prozessen, die nicht leicht (physisch) getestet werden können. Vielerlei Tools können eine Prozesssimulation unterstützen und zielgenaue Prozessoptimierungen aufzeigen. Es ist ratsam, bei einer Evaluierung von Prozessmanagementtools schon zu Beginn darauf zu achten, ob Simulationen möglich sind oder nicht bzw. welche Alternativen zu Simulationen angeboten werden.

Das **Vorgehen** sieht wie folgt aus:

- *Modellierung des Prozesses:* Der bestehende Prozess wird in einer Simulationssoftware abgebildet. Dabei werden alle relevanten Parameter wie etwa die Prozessschritte, Ressourcen, Durchlaufzeiten etc. erfasst.
- *Datenerhebung:* Sammlung von realen Prozessdaten, bspw. aus bestehenden ERP-Systemen (z. B. SAP) oder durch Zeitstudien, um die Simulation zu validieren.
- *Simulation des Ist-Zustands:* Der ausgewählte Prozess wird mit realistischen Bedingungen simuliert. Dadurch lassen sich Schwachstellen, Engpässe etc. feststellen.
- *Entwicklung von Szenarien:* Verschiedene Optimierungspotenziale können virtuell getestet werden, z. B. ein anderer Ressourceneinsatz oder kürzere Wartezeiten.

- *Analyse der Ergebnisse:* Die Ergebnisse werden ausgewertet, um die optimale Lösung zu finden. Hinzugezogen werden die vorab bestimmten Kennzahlen wie etwa Durchlaufzeiten, Ressourceneinsatz oder Fehlerquoten.
- *Umsetzung der Optimierung:* Die validierten Verbesserungen werden in den realen Prozess eingepflegt.

Die **Schwachstellenidentifikation** ist eine Kernaufgabe im Prozessmanagement. Mit ihr lassen sich verschiedene Ursachen für angesprochene Ineffizienzen, Verschwendungen oder zu lange Bearbeitungszeiten identifizieren. Typische Schwachstellen sind: Medienbrüche, Engpässe (Bottlenecks), hohe Durchlaufzeiten oder eine hohe Fehleranfälligkeit.

Medienbrüche treten auf, wenn Informationen zwischen zwei unterschiedlichen Systemen ausgetauscht werden. Diese Übertragung ist in den meisten Fällen nicht nahtlos und birgt daher ein hohes Potential für eine Schwachstelle. **Engpässe** sind Bereiche in Geschäftsprozessen, die die gesamte Leistung einschränken. Ein Beispiel für einen Engpass könnte die Produktion einer Fertigungslinie sein. Angenommen, in der Fertigung gibt es mehrere Maschinen, aber eine dieser Maschinen produziert langsamer oder hat häufiger Ausfälle als die anderen. Diese Maschine kann nicht genügend Produkte in vorgesehener Zeit liefern, wodurch sich der gesamte Prozess verzögert und damit einen Engpass erfahren kann. Eine hohe **Durchlaufzeit** tritt dann ein, wenn zu viele unnötige Prozessschritte getätigt werden müssen. Zum Beispiel redundante Genehmigungen bei einem Genehmigungsprozess von verschiedenen leitenden Mitarbeitern. Eine **Fehleranfälligkeit** liegt vor, wenn der Prozess eine hohen Fehlerquote hat und Nacharbeit oder Ausschuss verursacht.

Ein methodischer Ansatz der Schwachstellenidentifikation ist das **Prozessbenchmarking,** bei dem Geschäftsprozesse mit den Best Practices aus der jeweiligen Branche verglichen werden. Ein solches Benchmarking liefert wertvolle Einblicke in die Prozesse und Hinweise auf Optimierungspotenziale.

Die Vorteile der Prozessoptimierung liegen auf der Hand. Eine Optimierung liefert **Kostensenkungen** durch Reduzierung von Material- und Betriebskosten durch einen effizienten Prozessablauf, **Produktivitätssteigerungen** durch höhere Leistung bei gleichem Ressourceneinsatz, **verbesserte Kundenzufriedenheit** durch schnellere Reaktions- und Lieferzeiten und bessere Qualität sowie eine bessere **Motivation der Mitarbeitenden** durch transparente und strukturierte Prozesse.

Um einen besseren Überblick der Prozessoptimierung zu bekommen, hier ein Praxisbeispiel:

Ein mittelständisches Unternehmen aus der Logistikbranche hatte Probleme mit langen Lieferzeiten und hohen Fehlerquoten bei der Kommissionierung der Güter.

Die Geschäftsleitung entschied sich, einen Prozessberater hinzuzuziehen, um die Schwachstellen zu analysieren und zu beseitigen. Der Consultant hielt die Wertstromanalyse für eine geeignete Methode in diesem Fall. Durch die Analyse konnte festgestellt werden, dass die Hauptursachen in redundanten Prüfungsschritten und ineffizienten Lagerwegen lagen. In gemeinsamen Workshops mit den relevanten Stakeholdern wurden Maßnahmen festgelegt, die die Hauptursachen eliminieren sollten. Als erste Maßnahme erfolgte die Einführung von einem Barcode-System zur Vermeidung von Fehlerquellen. Weiter wurde die Lagerordnung optimiert und die Mitarbeitenden haben Schulungen hinsichtlich der neuen Technologien erhalten.

Das Resultat war vielversprechend; durch die genaue Betrachtung der Prozesse konnten die Hauptursachen identifiziert und gleichzeitig durch Optimierung beseitigt werden. Die Durchlaufzeiten haben sich deutlich verbessert, die Fehlerquoten wurden drastisch gesenkt und die Mitarbeiterzufriedenheit erhöht.

Prozesse wirksam einsetzen

4

Durch die fortschreitende Digitalisierung und den Einsatz neuester Technologien im Business- und Prozessmanagement können Organisationen ihre Effizienz, Agilität und Wettbewerbsfähigkeit nachhaltig verbessern. Dieses Kapitel soll beleuchten, wie Prozesse durch Automatisierung und Digitalisierung wirksam eingesetzt werden können und welche Rollen moderne Technologien im Prozessmanagement spielen.

4.1 Prozessautomatisierung und -digitalisierung

Die Prozessdigitalisierung und -automatisierung zielt darauf ab, Routineaufgaben und Fehleranfälligkeiten in den Geschäftsprozessen zu reduzieren. Gleichzeitig soll die Transparenz der Geschäftsabläufe deutlich erhöht werden. Hierdurch wird die Leistungsbereitschaft von Unternehmen durch den Einsatz digitaler Technologien wie etwa Robot Process Automation (RPA), künstlicher Intelligenz (KI) oder Cloud-Systemen erheblich gesteigert.

Herausforderungen der Automatisierung und Digitalisierung
Die Vorteile der Prozessautomatisierung und -digitalisierung liegen auf der Hand, dennoch ergeben sich ein paar Herausforderung bei der Einführung und dem Management von entsprechenden Lösungen.

© Der/die Autor(en), exklusiv lizenziert an Springer-Verlag GmbH, DE, ein Teil 25
von Springer Nature 2025
J. Ottenlips, *Geschäftsprozessmanagement*, essentials,
https://doi.org/10.1007/978-3-662-71896-4_4

1) Komplexität der Implementierung

Automatisierungslösungen wie RPA oder Workflow-Management-Systeme erfordern oft eine tiefgreifende Analyse der bestehenden Prozesse (IST-Prozesse). In vielen Organisationen sind solche IST-Prozesse nicht ausreichend dokumentiert oder standardisiert. Wenn dies der Fall ist, sind notwendigerweise weitere Schritte vorab nötig. Dazu könnte zählen, eine Prozess-Governance zu entwickeln. Diese liefert ein gut überlegtes und individuelles Rahmenwerk, wie mit Prozessen, Automatisierungslösungen und Stakeholdern in der Unternehmung umgegangen werden soll (mehr zu der Prozess-Governance in Kap. 6). Außerdem sollte darauf geachtet werden, dass zu schnell umgesetzte Maßnahmen verhindert werden. Im Prozessmanagement ist es durchaus möglich, schnell gute Ergebnisse zu erreichen, jedoch gibt es auch die Gefahr, Ursachen für Engpässe, Schwachstellen oder sonstigen Probleme nicht genau untersucht zu haben bzw. komplett zu übersehen. Wenn dies geschieht, verschärfen sich mögliche Probleme sehr schnell und die Prozess- bzw. Technologieimplementierung läuft Gefahr zu scheitern.

2) Kosten und ROI-Betrachtung

Die Einführung digitaler Technologien erfordert notwendigerweise einen hohen Einsatz an Investitionen in Software, Infrastruktur und Schulungen. Organisationen stehen damit vor der Herausforderung, langfristige Einsparungen, Effizienzgewinne und allgemeine Ressourceneinsparungen mit der Investition abzuwägen. Der ROI sollte dabei an klaren KPIs gemessen werden, wie bspw. der Reduktion von Durchlaufzeiten, operativer Kosten oder Fehlerquoten. In der produzierenden Industrie kann eine RPA z. B. dabei helfen, Kundenanfragen schneller zu beantworten und somit die Kundenzufriedenheit zu erhöhen, was sich perspektivisch auf ein Umsatzwachstum auswirken kann.

3) Datenintegration

In vielen Unternehmen und Organisationen dominiert eine Silostruktur. Eine Silostruktur bedeutet, dass mehrere IT-Systeme gleichzeitig betrieben werden und Abteilungen oft isoliert voneinander agieren und kommunizieren. Eine Integration entsprechender IT-Systeme erfordert einen hohen Arbeitseinsatz und birgt viele Fehlerpotenziale. Das „Brechen" der isolierten Abteilungen, also das Auflösen der isolierten Silos kann bei vielen Stakeholdern zu Verunsicherung und auch Ärger führen. Es ist daher sehr wichtig, ein entsprechendes Change-Management durchzuführen, um die Mitarbeitenden abzuholen und die Vorteile einer transparenten

Organisation aufzuzeigen. Außerdem ist es von Bedeutung, dass die Mitarbeitenden aktiv bei der Gestaltung des Prozessmanagements in der Organisation mitwirken – sie müssen daher einbezogen werden.

4) Datensicherheit

Nicht zuletzt aufgrund unzähliger Datenschutzrichtlinien und Verordnungen ist es wichtig, mit Daten sensibel umzugehen. Auch im Prozessmanagement ist der Umgang und die Pflege von Daten sehr wichtig. Mit zunehmender Digitalisierung steigen die Anforderungen an den Schutz entsprechender Daten. Besonders Unternehmen in der Finanz- oder Versicherungsindustrie aber auch der öffentlichen Verwaltung oder Konsumgüterindustrie müssen sicherstellen, dass personenbezogene Daten vor unberechtigten Dritten geschützt sind. Bei der Einführung von Automatisierungslösungen bspw. ist darauf zu achten, dass etwaige Ansichten genau konfiguriert werden und nur von zugriffsberechtigten Personen gesehen und bearbeitet werden dürfen, etwa bei sensiblen mitarbeiterbezogenen Daten (Arbeitsvertrag o. Ä.).

Methoden der Prozessautomatisierung

Die Prozessautomatisierung ist eine wirksame Lösung, um durch das Geschäftsprozessmanagement die geplanten Effizienzsteigerungen zu erreichen. Es lassen sich damit repetitive Standardaufgaben ganz leicht automatisieren.

1) Robot Process Automation (RPA)

Wie oben schon mehrfach erwähnt, ist die RPA eine Methode der Automatisierung. RPA bezeichnet dabei den Einsatz von Software-Robotern, die durch Programmierung regelbasierte, sich wiederholende Aufgaben automatisieren. Ein leichtes Beispiel dafür ist etwa das Verarbeiten von Kundenanträgen oder das Erfassen von Daten aus Rechnungen.

Wie sieht das Vorgehen bei RPA-Lösungen aus? Als erstes ist es wichtig, geeignete Prozesse zu identifizieren. Hierbei muss auf Standardisierung, hohe Wiederholbarkeit und ein klares Regelwerk geschaut werden. Als nächstes sollte die Modellierung erfolgen. Falls noch nicht modelliert wurde, ist es wichtig, den ausgewählten Prozess entsprechend zu modellieren, dabei helfen ebenfalls diverse Tools.

Sobald der Prozess modelliert vorliegt, kann man den Prozess in ein RPA-Tool einbinden und automatisieren. Zu guter Letzt ist es wichtig, den Prozess weiter zu monitoren und ggf. zu optimieren, ein gutes Prozesscontrolling ist dabei essenziell.

2) Workflow-Management-Systeme (WFMS)

Ein WFMS oder auch eine Workflow-Engine ist eine Software, die Geschäftsprozesse verwaltet bzw. die Abbildung und Steuerung von Prozessen unterstützt.
Diese Tools ermöglichen eine strukturierte und regelbasierte Abfolge von Aufgaben
und sorgen dabei für eine transparente Aufgabenverteilung. Prozessverantwortliche
sollten in diesen Tools immer sehen können, wo sich der Prozess gerade befindet, wo es ggf. Fehler gibt oder welche Inputs an welcher Stelle gegeben wurden.
Außerdem können aus diesen Tools automatisierte Befehle gegeben werden, etwa
automatisierte Mails oder ein Datenaustausch über Schnittstellen.

Ein Beispiel: Eine Kundenanfrage kann mit einem WFMS automatisiert werden, indem eingehende Anfragen kategorisiert und an entsprechende Mitarbeitende
automatisch weitergeleitet werden.

3) Künstliche Intelligenz (KI)

KI ermöglicht neue Wege in der Prozessdigitalisierung und -automatisierung. Mit
ihr ist es möglich, komplexe und individuelle Prozesse schnell und einfach zu
automatisieren, z. B. durch Vorhersagemodelle oder Textverarbeitung.

Ein Beispiel: Die automatisierte Analyse und Erstellung einer Kundenrechnung.
Die KI kann automatisch prüfen, ob alle extrahierten Daten korrekt und vollständig
vorliegen und auf potenzielle Fehler hinweisen oder sie gar berichtigen.

4) Process Mining

Process Mining ist eine Technologie zur datengetriebenen Analyse und Optimierung von Geschäftsprozessen. Anhand von „digitalen Spuren", welche in Systemen
wie ERP, CRM oder Weiteren hinterlassen werden, können reale Prozessabläufe
genutzt werden, um diese transparent zu machen. Dies ermöglicht eine detaillierte
und realitätsnahe Analyse der echten Prozessschritte, die Identifikation von Engpässen und ineffizienten Abläufen sowie eine datenbasierte Entscheidungsfindung
zur Prozessoptimierung.

Ein Process Mining Tool visualisiert den wirklichen Ist-Zustand eines Geschäftsprozesses und stellt dabei wichtige Abweichungen zum Soll-Prozess fest. Visualisierte Prozesse werden dabei oft „Spagetti-Diagramme" genannt. Mit den modernen
Tools lassen sich außerdem die tatsächlichen Durchlaufzeiten messen oder Engpässe
analysieren. Die neuesten Tools in diesem Bereich bieten sogenannte „Predictive
Analytics" an, eine Methode, um zukünftige Engpässe oder Risiken frühzeitig zu
identifizieren.

Schulung und Sensibilisierung der Mitarbeitenden
Wie mehrfach erwähnt, hängt die erfolgreiche Implementierung von Digitalisierungs-, und Automatisierungslösungen maßgeblich von der Akzeptanz der Mitarbeitenden in der Organisation ab. Es ist daher enorm wichtig, die Mitarbeitenden abzuholen und in die Maßnahmen einzubinden. Neben Schulungen sind abgestimmte Kommunikationskonzepte erforderlich, um Ängste und Unsicherheiten zu nehmen. Solche Konzepte sind wichtig, damit im Vorfeld geplant wird, wie man bspw. Statusberichte oder aktuelle Herausforderungen ganzheitlich und zielgenau kommuniziert. Schulungen zielen vor allem auf die Bedienung der neuen Systeme hin aber auch auf allgemeine Themen und Grundlagen, damit das Verständnis für Geschäftsprozesse in einer Organisation breit gelebt werden kann. Es ist nicht notwendig, dass jeder Mitarbeitende Prozessexperte oder -expertin wird, jedoch ist ein Grundlagenverständnis sinnvoll. Es ermöglicht, dass Prozesse effektiv analysiert werden, Prozesse leichter optimiert werden, Fehler vermieden werden und eine kontinuierliche Verbesserung gefördert wird.

4.2   Einsatz von Technologien im Prozessmanagement

Im Rahmen der Prozessautomatisierung und -digitalisierung wurden schon einige Technologien wie KI oder RPA aufgezeigt. Nun folgen weitere Technologien und die daraus folgenden Herausforderungen und Chancen. Zudem werden Best Practice Beispiele noch einmal den Einsatz der Technologien im Prozessmanagement verdeutlichen.

Herausforderungen des Technologieeinsatzes
Neue Technologien und Verfahren dürfen nicht leichtsinnig betrachtet werden. Die Einführung und Implementierung ist nur in den wenigsten Fällen trivial und bedarf daher einer guten Planung und Kontrolle. Die Herausforderungen verdeutlichen, worauf besonders geachtet werden muss.

1) Technologische Komplexität

IT-Systeme und IT-Architekturen spielen im Prozessmanagement eine tragende Rolle. Die technologischen Aspekte dahinter sind meistens komplex. Aufgrund von historisch gewachsenen IT-Architekturen bedarf es oft einer genauen Analyse – ein klares Zielbild hilft, den Fokus beizubehalten. Die Auswahl und Beurteilung sowie die Implementierung der geeigneten Maßnahmen und Technologien erfordert ein fundiertes Fachwissen und sorgfältige Planung. Hier ist es ratsam, mit Prozessexperten zusammenzuarbeiten.

2) Hohe Investitionskosten

Die Einführung moderner Tools erfordert immer gewisse Investitionskosten. Diese halten sich meistens an die Organisationsgröße und Umfang bestimmter Funktionen. Besonders Process Mining oder KI-Tools erfordern hohe Anfangsinvestitionen deren Nutzen eher mittel- bis langfristig sichtbar werden. Zudem sind IT-Systeme immer mit laufenden Kosten wie etwa Servicegebühren verbunden.

3) Widerstand gegen Veränderung

Veränderung bedeutet Widerstand. Neue Technologien werden oftmals als Bedrohung gesehen. Ein gutes Change-Management ist hier wichtig.

4) Interoperabilität

Unterschiedliche IT-Systeme und Softwarelösungen müssen nahtlos orchestriert werden und zusammenarbeiten. Viele unterschiedliche und veraltete Systeme sorgen für unvorhersehbare Herausforderungen und führen z. T. zu Zeitverzögerungen bei der Implementierung.

Chancen des Technologieeinsatzes
Schon mehrmals sind die Chancen des Prozessmanagements nun erwähnt worden. Um neben den Herausforderungen auch Chancen darzulegen, folgt nun eine kleine Übersicht der wichtigsten.

Durch den Einsatz modernster Technologie lassen sich **erhöhte Prozesseffizienzen** erreichen. Dadurch lassen sich wiederholende und komplexe Prozesse schnell automatisieren, wodurch Mitarbeitende zunehmend entlastet und Fehlerquellen minimiert werden. Dies ermöglicht nicht nur eine bessere Qualität, sondern schafft auch Platz für Kernaufgaben. Eng damit verbunden ist die **Einsparung von Ressourcen** – nicht nur in Form von Kosten, sondern auch in Bezug auf Zeit und Material. Gut automatisierte Geschäftsprozesse beschleunigen Durchlauf- und Reaktionszeiten, was es gerade in unsicheren Zeiten von bspw. Fachkräftemangel, volatilen Märkten und demografischem Wandel besonders wichtig zu lösen gilt. Darüber hinaus fördern digitale Prozesse eine bessere Übersicht und einen nachhaltigeren Einsatz von wichtigen Betriebsmitteln.

Ein weiterer Aspekt sind **datengetriebene Entscheidungen** – diese können leicht durch moderne IT-Systeme möglich gemacht werden. Die Verfügbarkeit großer, strukturierter Datenmengen erlaubt immer mehreren Unternehmensentscheidern, strategische und operative Entscheidungen auf eine solide, analytische Basis zu stellen. Das Prozessmanagement schafft hierbei immer mehr die notwendige Grundlage, um Daten sinnvoll zu sammeln und effizient einzusetzen. Ein gut geplantes Management von Prozessen bietet außerdem ein hohes Maß an **Skalierbarkeit**. Eine moderne Enterprise-Architecture sollte dabei im Optimalfall die hohe Anpassungsfähigkeit und Skalierbarkeit ermöglichen. Die Systeme sollten dabei aufeinander abgestimmt und kompatibel sein, damit ein hoher Grad der Skalierbarkeit erreicht werden kann.

Best Practices
In der öffentlichen Verwaltung sowie in der freien Wirtschaft ist die Digitalisierung ein wichtiges, erfolgsentscheidendes Thema. Anhand von praxisorientierten Best Practices werden nun zwei Fälle näher erklärt.

Prozessmanagement in der öffentlichen Verwaltung
Die öffentliche Verwaltung steht vor der großen Herausforderung, Prozesse effizient und transparent darzustellen. Die Bürgerinnen und Bürger sollen schnell und unkompliziert bspw. Anträge einreichen, Anträge beantworten oder schnell und unbürokratisch auf Unterlagen zugreifen können. Genau hier kann ein gutes Geschäftsprozessmanagement ansetzen und mittels „E-Government" diverse Lösungen bieten.

Die **Herausforderung** besteht vor allem darin, dass viele Prozesse in der öffentlichen Hand jahrzehntelang gewachsen sind und dabei immer bürokratischer und teilweise unübersichtlicher wurden. Gründe dafür sind u. a. Anpassungen an gesetzlichen Bestimmungen (z. B. DSGVO). Dabei waren und sind viele Schritte in den Prozessen von physischen Behördengängen geprägt und erfordern somit viel Zeit und Aufwand, sowohl für die Mitarbeitenden in den Verwaltungen als auch für die Bürgerinnen und Bürger. Resultat: Lange Wartezeiten und viele (physische) Formulare.

Die **Lösung** heißt E-Government – ein vollständiges digitalisiertes Verwaltungsmanagementsystem. Estland ist hier ein wunderbares Beispiel. Das Land hat sich das ambitionierte Ziel gesetzt, in der Verwaltung nahezu papierlos zu werden. Mittels konsequenter Prozessdigitalisierung soll das Ziel erreicht werden und die Verwaltung entlastet und attraktiver für die Bürgerinnen und Bürger werden – viele Ziele wurden dabei schon erreicht.

Ein wichtiger Schlüsselfaktor bei E-Government-Vorhaben ist die Automatisierung von Geschäftsprozessen. Komplizierte und historisch gewachsene Verwaltungsprozesse müssen akribisch analysiert, vereinfacht und digitalisiert werden. Einmal technisch visualisiert, lassen sich daraus viele wichtige Erkenntnisse ablesen. Visualisierte Prozesse liefern darüber hinaus eine klare Übersicht über die Größe der Verwaltung, wie Prozesse zusammenhängen, wo doppelte (und damit obsolete) Dienste geleistet werden oder welche Stellen/Ämter besser zusammenarbeiten können.

Da viele Verwaltungen eigene Datenquellen haben und Bürgerinnen und Bürger so bei verschiedenen Ämtern die gleichen Daten mehrmals angeben müssen, ist es ratsam ein „Once-Only-Prinzip" einzuführen. Ein zentral angelegtes Profil der Bürgerschaft schafft eine enorme Entlastung. Bürger müssen ihre Daten nur einmal angeben, alle Behörden können diese bei Bedarf abrufen. Damit die Bürgerinnen und Bürger sich verifizieren können, ist eine elektronische Identität (e-ID) wichtig. Verbunden mit der zentralen Datenablage kann über die e-ID ein schnelles und sicheres Authentifizierungssystem eingerichtet werden. Etwaige Anträge lassen sich so online und im Amt vor Ort elektronisch schnell und sicher bearbeiten. Weiter könnte man sogar über eine e-ID Wahlen oder Steuererklärungen erleichtern. Die zentrale Identifikation und ein modernes Prozessmanagement inklusive Prozessautomatisierung sorgt an vielen Stellen für einen enormen Bürokratieabbau, bessere Zusammenarbeit zwischen Behörden, eine zentral gepflegte Datenquelle, Kostenersparnis durch Effizienzsteigerungen und weniger Ressourceneinsatz sowie eine höhere Benutzerfreundlichkeit. Darüber hinaus ist die digitale Verwaltung nachhaltig, da Ressourcen wie Papier weniger zum Einsatz kommen.

Prozessmanagement in der Industrie
Industrieunternehmen stehen ebenfalls vor der Herausforderung, wachsendem Wettbewerbsdruck, Produktionskosten oder dem Fachkräftemangel entgegenzuwirken. Und genau hier kann ein gutes Business- und Geschäftsprozessmanagement ansetzen und helfen. Für Industrieunternehmen ist es essenziell, eine ganzheitliche Betrachtung auf die gesamte Wertschöpfungskette zu wagen. Ein erfolgreiches Prozessmanagement beginnt mit einer umfassenden Analyse bestehender Abläufe (Ist-Prozesse) und Strukturen und geht weiter zu der Identifizierung redundanter Prozessschritte und der Eliminierung von Engpässen und Risiken. Ein optimiertes Prozessmanagement ermöglicht dann eine systematische Steuerung, Automatisierung und kontinuierliche Verbesserung (KVP) interner Prozesse. Im gleichen Zuge ist es ratsam, über das Enterprise Architecture Management (EAM) nachzudenken. Dieses befasst sich mit der IT-Infrastruktur einer Organisation und hilft, sie strategisch fit für die Zukunft zu machen.

Sobald eine ganzheitliche und umfassende Analyse vorliegt, sollte die Standardisierung und Harmonisierung der Prozesse erfolgen. Dies bedeutet, dass ähnliche oder gleiche Geschäftsabläufe über verschiedene Stationen, Standorte oder Abteilungen hinweg vereinheitlicht werden, um Synergieeffekte zu erzielen und potenzielle Fehler zu reduzieren. Im gleichen Atemzug sollte außerdem geprüft werden, an welchen Stellen Workflowmanagementsysteme eingesetzt werden können, um manuelle, wiederkehrende Aufgaben zu automatisieren.

Ein weiterer wichtiger Schritt ist die Vernetzung der Lieferketten mit dem Prozessmanagement. Die direkte Vernetzung zu Lieferanten und Kunden hebt die Bestell-, Produktions- und Lieferprozesse auf ein höheres Niveau und sorgt für eine bessere Zusammenarbeit von Produktionsplanung, Logistik und Kundenkontakt. Ein wirkungsvolles Prozessmanagement in der Industrie zeichnet sich zudem durch eine agile Herangehensweise aus. Unternehmen setzen zunehmend auf iterative Verbesserungszyklen und verbessern damit die Kultur der kontinuierlichen Innovation und Optimierung. Regelmäßige, bis Echtzeit liefernde Audits können umfangreiche Prozessanalysen und ebenso Verbesserungspotenziale erzeugen. Unternehmen haben dazu die Chance, mit einer ständigen Überwachung schneller auf Marktschwankungen zu reagieren und ihre Resilienz zu erhöhen.

Das Beispiel des Optikkonzerns Carl Zeiss zeigt, dass Unternehmen in der digitalen Transformation auf Prozessmanagement setzen. Ende 2023 gab das Unternehmen bekannt, Investitionen in dreistelliger Millionenhöhe in den dafür notwendigen digitalen Umbau zu investieren.[1] Die Investition sollte vorwiegend dazu eingesetzt werden, die Organisation zum daten- und prozessorientierten Unternehmen zu entwickeln.

Auch andere multinationale Konzerne setzen auf ein modernes Business- und Geschäftsprozessmanagement. Beispielsweise setzen Unternehmen auf digitale Workflow-Management-Systeme, um Bestellungen, Wareneingang, Kundenwünsche, oder Produktionsplanung miteinander zu verknüpfen. Lieferanten werden stärker in die IT-Systeme der Unternehmen eingebunden, sodass bspw. Bestellungen und Lieferzeiten in Echtzeit überwacht und angepasst werden können. Zudem werden die Kommunikationswege zwischen Lieferanten, Händlern und Kunden verbessert. Ein Vorteil dabei ist zum Beispiel, dass wenn Bauteile in einem Werk knapp zu werden drohen, das System schnell darauf reagieren kann und vorhandene Lagerbestände an anderer Stelle identifiziert.

---

[1] Siehe Handelsblatt: Martin-W. Buchenau, 01.12.2023, https://www.handelsblatt.com/technik/it-internet/zeiss-chef-erstmals-mehr-als-zehn-milliarden-euro-umsatz-erzielt-/295 27458.html?utm_term=Autofeed&utm_medium=Social&utm_source=LinkedIn.

Man sieht an diesem Beispiel deutlich, wie effektiv ein gutes Prozessmanagement mit gezieltem Einsatz von geeigneten Prozessmanagementtools, wie etwa Process Mining, in der Realität ist. Unternehmen können dadurch einen schnellen ROI erreichen und enorme Kosteneinsparungen und Effizienzgewinne erzielen.

Prozessimplementierung und -kontrolle

5

Die erfolgreiche Implementierung von Geschäftsprozessen ist ein zentraler Erfolgsfaktor für Organisationen im Bereich Business- und Prozessmanagement. Dabei geht es nicht nur um die Einführung ganz neuer Prozesse, sondern vielmehr auch um bestehende Prozesse und deren Neubetrachtung und im Anschluss daran deren nachhaltige Integration in die Organisation.

Der Implementierungsprozess ist eng verknüpft mit dem Changemanagement, da organisatorische Veränderungen und Entwicklungen in der Praxis oftmals auf Widerstand stoßen. Zudem ist es sehr wichtig und erfolgskritisch, bestehende Prozesse kontinuierlich zu überwachen und zu steuern. Hier kommen Prozesscontrolling, regelmäßige Reifeprüfungen oder ein Prozessmonitoring zum Einsatz, um die Wirksamkeit und Effizienz der Prozesse langfristig gewährleisten zu können.

5.1 Changemanagement im Prozessumfeld

Die Einführung neuer Prozesse und die Weiterentwicklung bestehender Strukturen führt häufig zu Unsicherheiten, Widerständen und Konflikten. Changemanagement umfasst die Strategien und Methoden, die erforderlich sind, um entsprechende Veränderungen erfolgreich zu gestalten.

Die größte **Herausforderung** im Changemanagement liegt in der Akzeptanz der Mitarbeitenden. Um dieser Herausforderung zu begegnen, ist es wichtig, allgemein den Widerstand zu verstehen, welcher die Akzeptanz beeinflusst. Der Widerstand wird klassisch, auf Basis der Kübler-Ross Change Curve, wie in Abb. 5.1 beschrieben.

© Der/die Autor(en), exklusiv lizenziert an Springer-Verlag GmbH, DE, ein Teil von Springer Nature 2025
J. Ottenlips, *Geschäftsprozessmanagement*, essentials,
https://doi.org/10.1007/978-3-662-71896-4_5

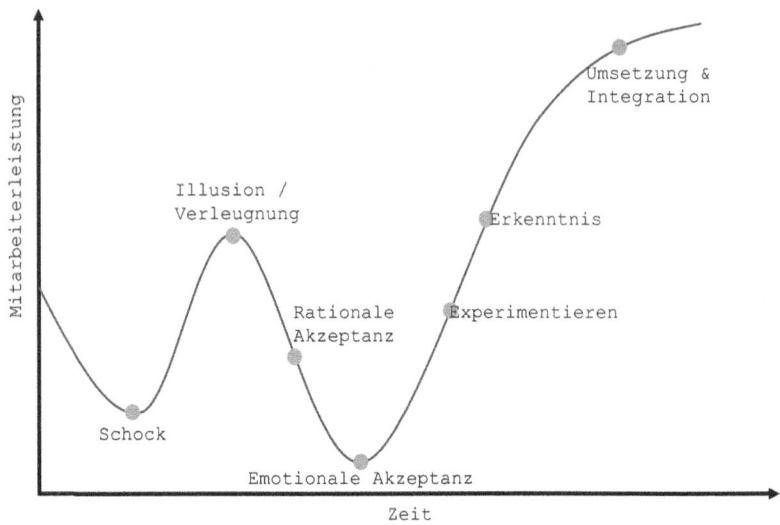

Abb. 5.1 Phasen des Widerstands

Der Widerstand setzt sich somit aus sieben einzelnen Phasen zusammen.

Zu Beginn steht immer ein **Schock.** Ursachen hierfür sind beispielsweise umfangreiche Ankündigungen in der Prozesslandschaft eines Unternehmens. Die Mitarbeitenden befürchten, aus gewissen Routinen herausgerissen zu werden, Gewohnheiten zu verlieren oder gar komplett ersetzt zu werden. Darauf folgt der Zustand der **Illusion.** In dieser Phase kommt die Illusion auf, dass die Veränderung schlecht und unnötig ist. Eine gewisse Selbstüberschätzung einzelner Mitarbeitenden könnte sich verbreiten und eine breite Verleumdung der Veränderung hervorrufen. Erstaunlich an dieser Phase ist, dass sich einzelne Leistungen sogar verbessern, da angenommen wird, mit besserer Leistung Neues zu verhindern. In der dritten Phase, **rationale Akzeptanz,** werden die Neuerungen rational erkannt und akzeptiert. Ein Tal der Tränen folgt danach – die **emotionale Akzeptanz.** Hier wird zunehmend Akzeptanz entwickelt und alte Muster aufgegeben, der Change wird somit das erste Mal richtig angenommen und akzeptiert. Sobald die Veränderung angenommen wurde, möchten die Mitarbeitenden mehr erfahren und ausprobieren, wir befinden uns damit in der **Experimentieren**-Phase. Die Bereitschaft, am Change aktiv mitzuwirken, wird immer größer und die Laune steigt mit ersten Erfolgen. In der **Erkenntnisphase** etablieren sich die neuen Strukturen und bringen immer häufiger positive Ergebnisse; es wird klar, warum manche Maßnahmen funktionieren und andere nicht. Abschließend folgt die Phase der **Umsetzung und Integration,** in der die Veränderung eindeutig erfolgreich ist und sich die Ergebnisse zunehmend stabilisieren.

In all diesen Phasen treten verschiedene weitere Herausforderungen auf, wie etwa unzureichende Kommunikation, mangelnde Unterstützung des TOP-Managements oder mangelnde Ressourcen. Die Veränderung der Unternehmenskultur und die Schulung der entsprechenden Mitarbeitenden sind weitere wichtige Herausforderungen innerhalb einer Veränderung.

Gerade wenn es um neue Verantwortungen, Rollen und Prozesse geht, ist ein klares Commitment des Managements essenziell. Ohne ein klares Commitment existiert die Gefahr, dass ganze Projekte scheitern und trotz Gegenmaßnahmen der Widerstand gewinnt. Die Führungsebene sollte hierbei einen klaren Kommunikationsplan erarbeiten, sich mit den Prozessexperten regelmäßig austauschen und die Durchsetzung von Prozessveränderungen fördern. Die Kommunikation spielt im Changemanagement generell eine wichtige Rolle. Fehlende oder unzureichende Kommunikation kann dazu führen, dass Mitarbeitende den Sinn und Zweck einer Veränderung nicht verstehen oder die Maßnahmen gar blockieren.

Ein erfolgreiches Changemanagement, besonders im Geschäftsprozess-Umfeld, erfordert eine strukturierte Vorgehensweise, die sich auf essenzielle **Erfolgsfaktoren** stützt. Ein wichtiges Element für eine erfolgreiche Prozessimplementierung und das Management von Veränderungen ist eine klare und transparente **Kommunikation.** Die Notwendigkeit der Veränderung sowie deren Zielsetzung, ggf. auch die dahinterstehende Vision, müssen für alle Mitarbeitenden verständlich und konsistent vermittelt werden, um ungewollte Umstände und die angesprochenen Widerstände zu minimieren. Denn nur, wenn alle Stakeholder die Hintergründe und Vorteile der Veränderung nachvollziehen können, steigt die Akzeptanz, Motivation und Unterstützung für das Projekt. Kommunikationsmaßnahmen sollten daher sowohl über formelle Kanäle wie etwa Meetings, Intranet, E-Mails oder Präsentationen als auch über informelle Gespräche erfolgen, um eine möglichst breite Durchdringung der Botschaft zu gewährleisten.

Darüber hinaus ist die **Teilnahme** ein entscheidender Faktor. Die aktive Einbindung der Stakeholder in die Gestaltung neuer Prozesse und Prozessstrukturen ermöglicht nicht nur eine höhere Identifikation mit der Veränderung, sondern auch die Nutzung ihres und ihrer Fachwissen(s) und Praxiserfahrung zur Optimierung bestehender Prozesse. Partizipation kann durch Workshops, Feedbackrunden (z. B. ein regelmäßiger Process-Owner-Circle) oder Pilotprojekte erreicht werden, wodurch die betroffenen Mitarbeitenden nicht nur als passive Empfänger des Changes, sondern als Mitgestalter aktiv agieren.

Um weitere Unsicherheiten möglichst zu minimieren und die Handlungs-
kompetenz herzustellen, sind gezielte **Schulungen** und ggf. Qualifizierungen der
Mitarbeitenden notwendig. Im Changemanagement geht es oft um neue Aufgaben, Technologien oder Methoden, deren erfolgreiche Umsetzung von der Kompetenz der Anwender/Beteiligten abhängt. Trainingsmaßnahmen, Schulungen,
Erklärvideos und praxisnahe Workshops sind daher wichtig, um eine möglichst
reibungslose Veränderung zu gewährleisten und potenzielle Herausforderungen
weiter proaktiv zu adressieren.

Eine weitere tragende Rolle im Changemanagement spielen sogenannte „Change Agents". Dabei handelt sich um Schlüsselpersonen, die als Vermittler oder
als „Sponsoren" zwischen Management und Belegschaft fungieren und als Mul-
tiplikatoren die Veränderung aktiv unterstützen. Change Agents verfügen dabei
über eine hohe soziale und fachliche Kompetenz, sie tragen damit aktiv dazu bei,
die Akzeptanz und Motivation im gesamten Team zu fördern. Gleichzeitig bringen sie ein hohes Engagement ein und können Ängste und Sorgen abbauen sowie
gewisse Fragen beantworten oder konstruktiv klären.

Schließlich können weitere **Anreizsysteme** dazu beitragen, die Motivation
der Mitarbeitenden zur aktiven Mitgestaltung der Veränderung zu erhöhen. Positive Anreize wie Belohnungen, Anerkennung oder Entwicklungsmöglichkeiten
fördern deutlich das Engagement der Mitarbeitenden und signalisieren Wert-
schätzung für deren aktiven Mitgestaltung der Organisation. Solche Maßnahmen
können individuell vereinbart werden oder teambezogen gestaltet sein und sollten
zur gesamten Unternehmensstrategie passen.

5.2 Prozesscontrolling und -monitoring

Die erfolgreiche Implementierung eines Geschäftsprozesses ist ein essenzieller
Schritt, doch allein reicht sie nicht aus, um einen nachhaltigen und langfristigen
Erfolg zu gewährleisten. Organisationen müssen sicherstellen, dass die einge-
führten Prozesse wie geplant laufen: effizient, zielführend und fehlerfrei. Dazu
müssen die Prozesse stetig verbessert werden. Hierfür sind zwei eng miteinander
verknüpfte Disziplinen des Prozessmanagement von entscheidender Bedeutung:
Prozesscontrolling und Prozessmonitoring.

Das **Prozesscontrolling** umfasst die systematische, oftmals auch strategische
Planung, Steuerung und Kontrolle von Geschäftsprozessen im Unternehmen oder
der Organisation. Ziel ist auch hier, die Effektivität und Effizienz der Prozesse
erheblich zu erhöhen und Verbesserungspotenziale zu identifizieren. Durch die
gezielte Untersuchung bestimmter Leistungsindikatoren kann die Unternehmung

potenzielle Schwachstellen leicht entdecken, Korrekturmaßnahmen einleiten und somit einen kontinuierlichen Verbesserungsprozess (KVP) sicherstellen. Eine klare Definition von Prozesszielen in Bezug auf Zeit, Kosten und Qualität bildet die Basis für eine gezielte Steuerung und Bewertung der Prozesse. Die Auswahl relevanter Leistungsindikatoren wie bspw. Durchlaufzeiten, Fehlerquoten oder Ressourcenauslastung ermöglicht dabei eine objektive Leistungsbewertung. Der Abgleich der tatsächlichen Leistung mit den geplanten Zielen hilft, Abweichungen frühzeitig zu erkennen und entsprechende Gegenmaßnahmen einzuleiten. Werden Abweichungen festgestellt, müssen gezielte Korrekturmaßnahmen ergriffen werden, um die Prozesse wieder in die vorher definierte Linie zu bewegen. Der Vergleich der eigenen Prozessleistung mit Best Practices oder durch Benchmarkanalysen und Wettbewerbsanalysen kann Optimierungspotenziale aufzeigen und als Grundlage für strategische Verbesserungen dienen. Das Prozesscontrolling spiegelt bei der strategischen Ausrichtung eine wichtige Rolle. Als Basis für die langfristige Prozessoptimierung und Prozessentwicklung in der Unternehmung kann sie gemeinsam mit dem Prozessmonitoring dazu dienen, die kurzfristigen, mittelfristigen als auch die langfristigen Ziele zu erreichen.

Im Gegensatz zum strategisch ausgerichteten Prozesscontrolling fokussiert sich das **Prozessmonitoring** auf die operative Überwachung der Geschäftsprozesse. Angestrebt wird hier eine möglichst Echtzeit-Überwachung. Ziel dabei ist, Prozesskennzahlen kontinuierlich zu erfassen, Engpässe oder Probleme in Echtzeit zu identifizieren und schnelle Reaktionsmöglichkeiten zu gewährleisten. Die modernen ERP- und BPM-Systeme ermöglichen eine kontinuierliche Überwachung und Analyse von Prozessdaten, sodass kritische Abweichungen sofort erkannt werden können. Oftmals erleichtern grafische Ansichten oder Signale die Auswertung der Prozessdaten, um die Reaktionszeiten noch schneller zu ermöglichen und die Datenbasis verständlich zu dokumentieren. Durch den Einsatz von Analysetools lassen sich Prozessabläufe anhand von IT-System-Daten rekonstruieren und Optimierungspotenziale identifizieren. Immer öfter werden zudem sogenannte „Digitale Zwillinge" oder Simulationstechniken eingesetzt. Dadurch ist eine Prognose von Prozessverläufen möglich und hilft, mögliche Engpässe und kritische Punkte bereits im Vorfeld zu analysieren. Ein effektives Prozessmonitoring unterstützt damit Organisationen, Reaktionszeiten zu verbessern und mit den gesammelten Daten unterstützt es das Prozesscontrolling in der strategischen Ausrichtung.

Gemeinsam sind Prozesscontrolling und -monitoring komplementäre Methoden, die Unternehmen dabei helfen, ihr Geschäftsprozessmanagement auf die definierten Ziele hinzusteuern. Während das Prozesscontrolling mittel- und langfristige Ziele sowie strategische Aspekte verfolgt, setzt das Prozessmonitoring auf eine kurzfristige Überwachung und schnelle Reaktion auf operative Herausforderungen. Die Kombination ist wichtig, damit BPM-Prozesse nicht nur optimiert, sondern auch nachhaltig verbessert werden.

Prozessmanagement im Kontext der Unternehmensstrategie 6

Ein effizientes und zielgerichtetes Prozessmanagement ist eng mit der Unternehmensstrategie verbunden. In der heutigen Geschäftswelt reicht es nicht aus, Prozesse isoliert zu betrachten; vielmehr müssen die Prozesse konsequent an den übergeordneten Unternehmenszielen ausgerichtet und in die Unternehmenskultur integriert werden. Die systematische Steuerung der Prozesse ermöglicht es dann den Unternehmen, die betrieblichen Abläufe gezielt an den strategischen Zielen auszurichten.

6.1 Ausrichtung der Prozesse auf die Unternehmensziele

Bei strategischen Fragen rund um das Prozessmanagement befasst man sich mit dem strategischen Prozessmanagement. Das strategische Prozessmanagement fungiert hierbei als Bindeglied zwischen der Unternehmensvision und den operativen Geschäftsprozessen. Dabei geht es um weit mehr als nur um Prozessdokumentation und -analyse. Es geht vor allem auch um die kontinuierliche Weiterentwicklung und Anpassung an sich verändernde Marktbedingungen. Organisationen stehen daher vor der Herausforderung, ihre Prozesse so zu gestalten, dass sie sowohl effizient und standardisiert sind als auch flexibel genug, um auf die neuen Markttrends rechtzeitig reagieren zu können. Eine langfristig ausgerichtete Prozessstrategie hilft, die operative Leistung zu steigern und wichtige Wettbewerbsvorteile zu sichern.

Verbindung zwischen Strategie und Prozessen

Jede Unternehmensstrategie basiert auf wichtigen, vorher definierten Kernzielen, wie beispielsweise Umsatzsteigerung, Kostenminimierung oder Markterweiterung. Damit diese Ziele erreicht werden können, müssen die Geschäftsprozesse entsprechend ausgerichtet sein. Ein strategisch ausgerichtetes Prozessmanagement verfolgt u. a. das Ziel, Effizienzsteigerungen zu erzielen, indem Ressourcenverschwendung minimiert und ein maximal optimierter Einsatz dieser gewährleistet wird. Prozesse sollten außerdem so gestaltet sein, dass sie einen maximalen Mehrwert für externe, aber auch interne Kunden bieten und deren Bedürfnisse optimal befriedigen. Flexibilität und Skalierbarkeit sind darüber hinaus weitere wesentliche Aspekte, da sich Unternehmen in einem stetig wandelnden Umfeld behaupten müssen. Prozesse müssen daher agil und skalierbar sein. Zudem ist die Automatisierung von Abläufen ein wichtiger Faktor, um gleichbleibende Qualität zu gewährleisten und z. B. etwaige regulatorische Anforderungen effizient zu erfüllen. In der Betrachtung der Kernziele sollten daher die notwendigen Prozessmanagementschritte berücksichtigt und mit eingeplant werden, um somit das Geschäftsprozessmanagement bestmöglich auf die Kernziele einzustellen.

Rolle der Führungsebene

Die Geschäftsleitung und das obere Management spielen eine entscheidende Rolle bei der Verankerung des Prozessmanagements in der Unternehmensstrategie. Sie sind dafür verantwortlich, Rahmenbedingungen für eine prozessorientierte Unternehmenskultur festzulegen und stellen sicher, dass Geschäftsprozessmanagementinitiativen mit den strategischen Zielen übereinstimmen. Ohne eine starke Unterstützung aus der Führungsebene bleibt ein Prozessmanagement oft nur auf der operativen Ebene verhaftet, ohne sein volles Potenzial zur strategischen Zielerreichung auszuschöpfen. Es ist wichtig, dass die Unternehmensleitung die Bedeutung des Prozessmanagements erkennt und darüber hinaus aktiv darauf hinarbeitet, dass es in allen relevanten Unternehmensbereichen integriert wird. Eine konsequente Kommunikation der strategischen Ziele und deren Umsetzung in den operativen Abläufen ist daher essenziell für den Erfolg der Maßnahmen.

Bedeutung einer Prozess-Governance

Ein effektives Prozessmanagement funktioniert nur mit einer klaren Governance-Struktur. Eine Prozess-Governance legt die Regeln und Verantwortlichkeiten für die Prozessgestaltung.

-implementierung und -überwachung fest und sorgt für eine einheitliche, kontrollierte Steuerung. Einheitliche Standards und Richtlinien gewährleisten eine konsistente Prozessqualität und ermöglichen eine effiziente Steuerung der Prozesslandschaft. Gleichzeitig stellt eine strategische Ausrichtung sicher, dass alle Prozessinitiativen im Einklang mit den Unternehmenszielen stehen. Zur erfolgreichen Einführung einer Prozess-Governance sollten klare Verantwortlichkeiten bestimmt werden. Der **Process Owner** ist dabei oft für die Steuerung und kontinuierliche Verbesserung eines spezifischen Prozesses verantwortlich. Er kennt den Prozess gut, versteht die fachlichen Herausforderungen und kann diese sinnvoll in Optimierungsinitiativen einbringen. Der **Process Governance Manager** hat die Aufgabe, die übergeordnete Steuerung und Weiterentwicklung der Prozess-Governance zu gewährleisten. Die Geschäftsleitung unterstützt Top-Down die Einhaltung und Umsetzung der Governance-Regeln.

Ohne eine an die Unternehmenszielen definierte Governance läuft das Geschäftsprozessmanagement Gefahr, dass ein ganzheitliches Prozessmanagement deutliche Schwächen und unzureichende Standardisierungen aufweist. Eine Prozess-Governance sollte daher vorher gut überlegt und konstruiert werden, bevor man mit dem eigentlichen, operativen Prozessmanagement in einzelnen Fachbereichen oder Unternehmenseinheiten anfängt zu arbeiten.

Die Prozess-Governance unterstützt zudem dabei, flexibel und zielgerichtet auf regelmäßige Markt- und interne Veränderungen zu reagieren. Sie legt klar fest, wer welche Verantwortung trägt, wie Prozesse modelliert und optimiert werden und welche Kommunikations- sowie Changemanagement-Strategien dafür geeignet sind. Die Einführung eines prozessorientierten Managementansatzes erfordert eine strukturierte Vorgehensweise, um die Akzeptanz und Wirksamkeit der Maßnahmen zu maximieren. Die Etablierung eines Governance-Frameworks legt die notwendigen Strukturen und Verantwortlichen fest. Schulungsmaßnahmen und Changemanagement-Strategien sind wichtig, um alle Stakeholder in den Wandel einzubinden und die Rahmenbedingungen so breit und verständlich wie möglich zu kommunizieren.

6.2 Integration des Prozessmanagements in die Unternehmenskultur

Ein gutes Prozessmanagement entfaltet seine Wirkung erst dann, wenn es tief in der Unternehmenskultur verankert ist. Eine rein technische oder methodische Einführung reicht nicht aus – vielmehr muss das Prozessdenken zu einem festen Bestandteil der täglichen Arbeit aller Mitarbeitenden werden. Organisationen, die es schaffen, eine prozessorientierte Kultur zu etablieren, profitieren langfristig von höherer Effizienz, gesteigerter Qualität und einer besseren Anpassungsfähigkeit an Veränderungen.

Bedeutung einer Prozessorientierten Unternehmenskultur
Eine prozessorientierte Kultur zeichnet sich dadurch aus, dass Mitarbeitende auf allen Ebenen des Unternehmens Prozesse nicht nur ausführen, sondern aktiv hinterfragen, optimieren und weiterentwickeln. Transparenz, kontinuierliche Verbesserung und ein tiefgreifendes Verständnis für den Mehrwert gut gesteuerter Prozesse sind wesentliche Bestandteile einer solchen Kultur.

Damit diese Prinzipien im Unternehmen gelebt werden, muss das Management ein entsprechendes Mindset fördern und sicherstellen, dass Prozessmanagement nicht als isoliertes Konzept, sondern als integraler Bestandteil der täglichen Arbeit verstanden wird.

Rolle der Führungskräfte
Die Führungsebene trägt die Hauptverantwortung für eine erfolgreiche Integration des Geschäftsprozessmanagements in die Organisationskultur. Sie muss nicht nur die strategische Bedeutung der Prozesse kommunizieren, sondern auch selbst als Vorbild agieren. Eine prozessorientierte Denkweise beginnt bei den Führungskräften, die ihre Teams ermutigen sollten, bestehende Abläufe kritisch zu hinterfragen und Verbesserungspotenziale zu identifizieren. Dies erfordert eine transparente und offene Diskussion sowie ein Umfeld, das den Mitarbeitenden erlaubt, Verbesserungsvorschläge einzubringen und Fehler als Lernmöglichkeit zu betrachten.

Zudem sollten die Führungskräfte regelmäßige Workshops und Meetings nutzen, um das Bewusstsein für Prozessmanagement zu schärfen. Der Erfolg hängt maßgeblich davon ab, dass Prozessoptimierung nicht als zusätzliche Aufgabe, sondern viel mehr als natürlicher Bestandteil des Arbeitsalltags wahrgenommen wird.

Einbindung der Mitarbeitenden
Eine nachhaltige Verantwortung des Prozessmanagements gelingt nur, wenn alle Mitarbeitenden aktiv eingebunden werden. Prozessmanagement darf nicht als ein von der Unternehmensführung aufgezwungenes Konzept erscheinen, sondern muss von den Beschäftigten als wertvolle Unterstützung ihrer täglichen Arbeit wahrgenommen werden. Dazu gehört, dass Mitarbeitende nicht nur klare Anweisungen zu bestehenden Prozessen erhalten, sondern auch die Möglichkeit, diese aktiv zu gestalten oder zu optimieren.

Ein wirksames Mittel zu Förderung der Mitarbeiterbeteiligung ist die Einrichtung von Prozessverbesserungsteams, die bereichsübergreifend zusammenarbeiten und gezielt Optimierungspotenziale identifizieren. Auch Anreizsysteme, die besonders erfolgreiche Prozessinnovationen oder -verbesserungen honorieren, können helfen, ein stärkeres Bewusstsein für die Bedeutung guter Prozesse zu schaffen.

Schulung und Qualifizierung
Damit Prozessmanagement zu einem festen Bestandteil der Unternehmenskultur wird, ist eine kontinuierliche Schulung und Qualifizierung der Mitarbeitenden notwendig. Regelmäßige Trainingsprogramme können die notwendigen Methoden und Werkzeuge des Prozessmanagements vermitteln und stellen sicher, dass alle Beschäftigten über das erforderliche Wissen verfügen, um Prozesse effizient zu steuern und zu verbessern.

Neben formalen Schulungen ist auch ein praxisnaher Wissenstransfer durch Mentoring-Programme oder „Best-Practice"-Austauschformate sinnvoll. Hierbei können erfahrene Mitarbeitende ihr Wissen weitergeben und neue Ansätze zur Prozessoptimierung gemeinsam mit ihren Kolleginnen und Kollegen entwickeln.

Förderung von Transparenz und Zusammenarbeit
Ein zentraler Erfolgsfaktor für eine prozessorientierte Unternehmenskultur ist Transparenz. Mitarbeitende müssen verstehen, wie ihre Arbeit in die übergeordneten Prozesse eingebettet ist und welchen Beitrag sie zur Erreichung der Unternehmensziele leisten. Klare Prozessbeschreibungen, visuelle Darstellungen und digitale Werkzeuge können helfen, eine transparente Prozesslandschaft zu schaffen.

Zudem ist eine enge bereichsübergreifende Zusammenarbeit erforderlich. Prozesse enden nicht an Abteilungsgrenzen – im Gegenteil, oft entstehen Ineffizienzen genau an den Schnittstellen zwischen verschiedenen Teams oder Funktionsbereichen. Eine Unternehmenskultur, die auf Kooperation und offenen Austausch setzt, trägt entscheidend dazu bei, Silodenken zu vermeiden und die gesamte Prozesslandschaft zu optimieren.

Kontinuierliche Verbesserung als Teil der DNA
Eine erfolgreiche Integration des Prozessmanagements bedeutet, dass kontinuierliche Verbesserung zum festen Bestandteil der Unternehmenskultur wird. Dies erfordert, dass Unternehmen nicht nur einmalige Prozessoptimierungen durchführen, sondern einen dauerhaften Veränderungsprozess etablieren.

Instrumente wie die PDCA-Methode (Plan-Do-Check-Act), Kaizen-Workshops oder regelmäßige Prozessreviews helfen, eine Kultur der kontinuierlichen Verbesserung zu fördern. Dabei geht es nicht nur um große, strategische Anpassungen, sondern auch um kleine, schrittweise Verbesserungen, die in der Summe eine große Wirkung entfalten können.

Ausblick und Zukunftstrends im Prozessmanagement

7

Das Prozessmanagement befindet sich in einem umfangreichen Wandel, der u. a. durch neue technologische Entwicklungen (künstliche Intelligenz, Automatisierung etc.), veränderte Marktanforderungen (internationaler Wettbewerb, volatile Märkte etc.) und die zunehmende Digitalisierung vorangetrieben wird. Während traditionelle Methoden des Geschäftsprozessmanagements weiterhin eine wichtige Rolle spielen (und weiterhin werden), gewinnen neue Ansätze immer mehr an Bedeutung. Organisationen setzen dabei zunehmend auf datengetriebene Optimierungsmöglichkeiten, Automatisierungstechnologien und künstliche Intelligenz, um ihre Ziele zu erreichen und die Prozesse effizienter, flexibler und transparenter zu gestalten. Gerade die systematische Sammlung von Daten spielt für die Entscheidungsfindung von Unternehmen eine wesentliche Rolle und ist nicht zuletzt oft ein Auslöser, dass Prozessmanagement weiterzuentwickeln bzw. gänzlich neu einzuführen.

Zu den zentralen Zukunftstrends gehören **Process Mining** im Mittelstand und **künstliche Intelligenz (KI),** die es Unternehmen ermöglichen, ihre Prozesslandschaft nicht nur zu analysieren, sondern auch in Echtzeit zu optimieren. Diese Technologien helfen dabei, ineffiziente Abläufe zu identifizieren, Engpässe einfacher zu eliminieren und Entscheidungsprozesse zu automatisieren. Auf die Methode Process Mining wurde bereits im Kap. 4 entsprechend eingegangen, hier geht es insbesondere um die Zukunftsaussichten im Bereich Geschäftsprozessmanagement und etwaige Potenziale für Unternehmen.

Process Mining: Transparenz und datengetriebene Prozessoptimierung
Eine der größten Herausforderungen im Prozessmanagement ist die mangelnde
Transparenz über die tatsächlichen Abläufe innerhalb eines Unternehmens. Tra-
ditionelle Methoden der Prozessanalyse, wie Interviews, Workshops oder manuelle
Dokumentationen, sind oft sehr zeitaufwendig und fehleranfällig. Hier setzt **Pro-
cess Mining** an. Process Mining ist eine Technologie, die reale Prozessdaten aus
IT-Systemen und Prozessmanagementtools extrahiert und in grafischen Modellen
leicht und verständlich visualisiert.

Bis vor wenigen Jahren war die Technologie in der Anschaffung und Implementierung sehr teuer und daher meistens nur sehr großen Unternehmen vorbehalten.
Nun kann man jedoch beobachten, dass immer mehr kostengünstigere Lösungen
auf den Markt kommen und Process Mining somit auch zunehmend für mittlere
und kleinere Unternehmen (KMU) attraktiv wird.

Vorteile und Anwendungsbereiche
Der größte Vorteil von Process Mining, das wird schnell klar, liegt in der objek-
tiven und datengetriebenen Analyse von Prozessen. Organisationen können so
Schwachstellen und Ineffizienzen zielgenau lokalisieren, Engpässe identifizieren und Prozessabweichungen relativ schnell aufdecken. Dies ermöglicht eine
gezielte Optimierung, die auf realen Prozessdaten basiert, statt auf subjektiven
Einschätzungen oder Vermutungen.

Process Mining wird heutzutage in verschiedenen Bereichen eingesetzt, unter
anderem in der:

- **Effizienzsteigerung:** Durch die Analyse von Prozessabläufen können Unternehmen Automatisierungspotenziale aufdecken und manuelle Tätigkeiten reduzie-
  ren.
- **Compliance-Überwachung:** Unternehmen können sicherstellen, dass Prozesse
  den internen und externen Vorschriften entsprechen, indem sie tatsächliche
  Abläufe mit vordefinierten Regelwerken, Richtlinien oder Gesetzen abgleichen.
- **Kundenzufriedenheit:** Eine präzisere Analyse von Serviceprozessen ermög-
  licht eine bessere Anpassung an Kundenbedürfnisse und eine Reduzierung von
  Wartezeiten oder Fehlerquoten.
- **Digitale Transformation:** Process Mining hilft Unternehmen enorm dabei, ihre
  Geschäftsprozesse für digitale Plattformen zu optimieren und datengestützte
  Entscheidungen zu treffen.

Künstliche Intelligenz als Treiber der Prozessautomatisierung
Neben Process Mining gehört die **künstliche Intelligenz** zu den wichtigsten Zukunftstechnologien im Prozessmanagement. KI ermöglicht es, Prozesse nicht nur zu analysieren, sondern auch aktiv zu steuern und zu verbessern. KI basierte Best Practices ermöglichen zudem einen einfachen und unkomplizierten Start in die Modellierung von Prozessen. Allerdings muss man darauf achten, dass Standardmodellierungen immer auf die eigene Unternehmung individuell angepasst werden müssen. KI kann darüber hinaus menschliche Entscheidungsprozesse unterstützen oder sogar vollständig automatisieren, wodurch Unternehmen eine erhebliche Effizienzsteigerung und Kostensenkung erzielen können.

Viele Toolhersteller implementieren immer schneller KI-Lösungen in ihren bestehenden Plattformen und ermöglichen so, dass KI relativ schnell aktiv im Prozessmanagement genutzt werden kann.

Einsatzmöglichkeiten von KI im Prozessmanagement
Künstliche Intelligenz wird auf vielfältige Weise im Prozessmanagement eingesetzt. Zu den wichtigsten Anwendungsfeldern gehören u. a.:

- **Automatisierte Entscheidungsfindung:** KI kann Muster in bestimmten Prozessen erkennen und automatisierte Entscheidungen treffen, beispielsweise in der Rechnungsprüfung, der Betrugserkennung oder der Kundenkommunikation (z. B. Chatbots).
- **Vorausschauende Prozessoptimierung:** Durch den Einsatz von Machine Learning (als Teil der Künstlichen Intelligenz), ist es möglich, Prozessabweichungen frühzeitig zu erkennen und Optimierungsmaßnahmen abzuleiten. Beispielsweise kann eine KI-basierte Prognose zeigen, wann es zu Engpässen in einer Lieferkette kommen könnte.
- **Intelligente Workflow-Steuerung:** KI kann Prozesse in Realtime überwachen und optimieren, indem sie automatisch Prioritäten setzt oder alternative Abläufe vorschlägt.
- **Chatbots und RPA (Robotic Process Automation):** KI-gesteuerte Chatbots und automatisierte Software-Roboter übernehmen standardisierte Aufgaben und unterstützen so die Mitarbeitenden bei repetitiven Tätigkeiten. Vor allem im Kundensupport wird aktiv auf Chatbots als günstige Alternative zu z. B. Callcentern gesetzt.
- **Intelligente Prozessdokumentation:** KI kann dabei helfen, Prozesse optimal zu designen und mit Best Practice Ansätzen so zu einer schnellen Prozessaufnahme und -dokumentation beitragen. Wie erwähnt ist dennoch darauf zu

achten, die Prozesse auf die individuellen Bedürfnisse und Rahmenbedingungen anzupassen.

Weitere Zukunftstrends im Prozessmanagement

Neben Process Mining und KI gibt es weitere wichtige Entwicklungen, die das Prozessmanagement in den kommenden Jahren prägen werden:

- **Hyperautomation:** Die Kombination aus RPA, KI und Process Mining führt zur Hyperautomation, bei der komplette Geschäftsprozesse vollautomatisch ablaufen können.
- **Echtzeit-Prozessmanagement:** Unternehmen setzen zunehmend auf Cloud-basierte Plattformen, um Prozesse in Echtzeit zu überwachen und flexibel anzupassen.
- **Blockchain für transparente Prozesse:** Durch Blockchain-Technologien lassen sich Prozesse noch sicherer und transparenter gestalten, insbesondere in der Lieferkette und im Finanzwesen.
- **No-Code/Low-Code-Plattformen:** Die Demokratisierung des Prozessmanagements ermöglicht es Fachbereichen, Prozesse selbstständig ohne tiefgehende IT-Kenntnisse zu optimieren. Im Zusammenhang damit ist der Begriff **Citizen Developer** wichtig zu erwähnen, also z. B. Mitarbeitende, die keine professionelle Ausbildung in der Entwicklung von Software haben, aber mithilfe von diesen Plattformen gewisse Anwendungen entwickeln bzw. bauen können.

In Zukunft wird das Prozessmanagement noch stärker durch aktives Datenmanagement, Automatisierung von Prozessen und künstliche Intelligenz geprägt sein. Gerade ein aktives Datenmanagement unterstützt den Einsatz von KI, da für eine effiziente Nutzung künstlicher Intelligenz der Einsatz von strukturierten Daten unabdingbar ist. Organisationen, die auf diese Technologien setzen, können ihre Geschäftsprozesse nicht nur viel effizienter als der Wettbewerb gestalten, sondern auch flexibler und resilienter auf kritische Veränderungen am Markt reagieren. Die immer weiter zunehmende Integration von intelligenten Systemen wird außerdem dazu führen, dass Prozesse immer mehr autonom funktionieren, Ressourcenengpässe frühzeitiger erkannt werden und Unternehmen proaktiv auf Herausforderungen reagieren können.

Gleichzeitig erfordert dieser Wandel eine **Neuausrichtung der Unternehmenskultur.** Prozessmanagement wird nicht mehr nur eine operative Disziplin sein, sondern zu einem strategischen Steuerungsinstrument werden, das auf datenbasierten Entscheidungen beruht. Unternehmen müssen ihre Mitarbeitenden entsprechend schulen und eine innovationsfreundliche Kultur etablieren, um den vollen Nutzen dieser Technologien zu realisieren.

Letztlich gilt: Wer sich frühzeitig mit den Möglichkeiten der Digitalisierung auseinandersetzt und moderne Prozessmanagement-Methoden implementiert, wird langfristig wettbewerbsfähig bleiben und die Chancen der Zukunft optimal nutzen.

Was Sie aus diesem *essential* mitnehmen können

- Sie kennen praxisbewährte Ansätze und Methoden, um Geschäftsprozessmanagement sicher in Ihrer Organisation einzuführen und effektiv zu steuern.
- Sie wissen, welche typischen Herausforderungen im Prozessmanagement auftreten – und wie Sie diesen souverän begegnen können.
- Sie verfügen über eine solide Grundlage, um im Geschäftsprozessmanagement mitzuwirken und entsprechende Projekte kompetent zu begleiten.

The manufacturer's authorised representative in the EU is Springer
Nature Customer Service Centre GmbH, Europaplatz 3, 69115 Heidelberg,
Germany. If you have any concerns regarding our products, please
contact ProductSafety@springernature.com

Printed and bound by CPI Group (UK) Ltd, Croydon, CR0 4YY
24/04/2026
02096375-0003